सीपियां

चिल्ड्रन्स बुक ट्रस्ट, नई दिल्ली

इस संग्रह में संकलित अधिकतर कहानियां चिल्ड्रन्स बुक ट्रस्ट द्वारा आयोजित बाल-साहित्य लेखन प्रतियोगिता में शामिल रचनाएं हैं।

SEEPIYAN

चित्रांकन : विकी आर्य
संपादन : सुभद्रा मालवी एवं सुलेखा कुमार

पुनर्मुद्रण 2001, 2003, 2008, 2010, 2011, 2012, 2013, 2017, 2019.

ISBN 81-7011-823-9

चिल्ड्रन्स बुक ट्रस्ट, नेहरू हाउस, 4 बहादुरशाह ज़फर मार्ग, नई दिल्ली-110002 द्वारा प्रकाशित एवं न्यास के इंद्रप्रस्थ प्रेस में मुद्रित। दूरभाष : 23316970-74 फैक्स : 23721090
ई-मेल : cbtnd@cbtnd.com वेबसाइट : www.childrensbooktrust.com
www.childrensbooktrust.org

कथा-सूची

रंगीन कोट 7
हरदर्शन सहगल

बहादुर तानजू 16
ममता खरे

महंगी पड़ी 29
कुमारी अर्पिता

जीवन की मुस्कान 38
सरला टंडन

शक 46
भगवती प्रसाद द्विवेदी

तूफान आने वाला है 52
गिरिजा रानी अस्थाना

तुम्हारा गिरिराज 61
अलका पाठक

बुरे आदमी का दिल 67
डा. रोहिताश्व अस्थाना

नन्ही छाती पर जड़ा मेडल 73
कमला चमोला

श्रुति 80
ममता खरे

रहस्य की बात 94
महेश गुप्ता

एहसास 101
स्वप्ना दत्त

स्वर्ण पदक 110
कांता एस.पाल

मिनी हिंदुस्तान 116
डा. रोहिताश्व अस्थाना

वेरूला 122
ममता खरे

शेर के बच्चे 130
पी.आर. शुक्ला

दोस्ती 137
आर.के. मूर्ति एवं राजन पाराशर

उजाले की ओर 147
कमला चमोला

एक और चिकित्सा 154
राजेश जैन

सबसे बड़ी पूजा 161
भगवती प्रसाद द्विवेदी

प्यार का कर्ज 168
सरला टंडन

सच्ची स्वतंत्रता 178
कांता एस. पाल

नई दिशा की ओर 185
कमला चमोला

भोली और सफेद मोर 191
वाय. आर. व्यास एवं राजन पाराशर

सीख गई बेटी 203
श्रीनिवास वत्स

गाय का साहस 210
महेश गुप्ता

एक हंडिया धाम 218
कमला चमोला

आम का पेड़ 222
बलदेव सिंह महरोक

चतुर मेंढक 227
डा. रोहिताश्व अस्थाना

डाकिया 233
मृणालिनी श्रीवास्तव

रंगीन कोट

नानक कॉलोनी। पहली गली का पहला मकान। इसी मकान में रहते हैं बच्चों के दोस्त नवीन बाबू।

नवीन बाबू को बच्चे बहुत प्यार करते हैं। इसी प्रकार नवीन बाबू भी बच्चों को बेहद प्यार-दुलार करते हैं। नवीन बाबू ने अपनी बैठक में दर्जी की दुकान खोली है। साफ-सुथरी छोटी-सी दुकान। दुकान में छोटे-छोटे कपड़े झूलते रहते। रंग-बिरंगे फ्राक, निकर, कोट, स्कूल-ड्रेस आदि। इतने सुंदर कपड़ों से दुकान अपने आप ही सज जाती। दुकान को सजाने-संवारने के लिए, नवीन बाबू को विशेष मेहनत नहीं करनी पड़ती। वे सफाई पसंद थे। हर चीज को ठीक उसकी जगह पर बड़े सलीके से रखते। ऊपर से बच्चों के इतने सुंदर-सुंदर कपड़े। इसी से दुकान दूर से ही चमकती और लोगों को अपनी ओर आकर्षित करती।

हर शाम को बच्चे वहां जाते। नवीन बाबू को हाथ जोड़कर नमस्ते करते। नवीन बाबू मुस्कराते और बेंचों की ओर इशारा करते। उन्हीं पर बच्चे बैठ जाते।

पर एक रोज सभी बच्चे नवीन बाबू से रूठ गए। क्यों? कारण बाद में पता चलेगा, अभी तो दुकान और नवीन बाबू के बारे में थोड़ा और जान लें।

हां, तो बच्चे उन्हीं छोटी-छोटी बेंचों पर बैठ जाते। धीरे-धीरे आपस में बातें करते, होम-वर्क में एक-दूसरे की सहायता करते। नहीं आता तो नवीन बाबू से पूछ लेते। नवीन बाबू हाथ का काम छोड़ देते और जल्दी से उनकी समस्या हल कर देते, फिर अपने काम में जुट जाते। कहते, "बच्चो! मुझे तो बस तुम्हारा ही काम करना है। चाहे कपड़ों का करा लो, चाहे स्कूल का।"

इसलिए बच्चे स्वयं ही इस बात का ध्यान रखते कि नवीन बाबू के समय का अधिक हरजा न हो। बच्चे नवीन बाबू का मन से आदर करते थे। इसके बहुत से कारण थे।

बच्चे इस बात से बहुत प्रसन्न थे कि बाबू जी बस उन्हीं के हैं। उन्हीं के लिए काम करते हैं। काम भी ठीक समय पर कर देते हैं और पैसे भी बहुत कम! यही सब कारण थे कि नवीन बाबू के पास काम की कमी नहीं थी। और न ही कमी थी बच्चों के प्यार की।

यह सब होते हुए भी आखिर बच्चे बाबूजी से रूठ क्यों गए? यह तो थोड़ा बाद में पता चलेगा।

पर सच्चाई यही है कि यह दुकान खुली ही बच्चों के लिए थी।

आओ, यह कहानी भी जान लें–

बात एक रात की है। पड़ोस में एक बच्चा जोर-जोर से रो रहा था। नवीन बाबू से किसी भी बच्चे का रोना सहन नहीं होता। बाबू जी इन्हीं दिनों सेवा निवृत्त हुए थे। गरमी के दिन थे। वे बड़े मजे से अपने खुले आंगन में चारपाई पर सो रहे थे।

रोने की आवाज से नवीन बाबू उठ बैठे। पड़ोस में जाकर दरवाजा खटखटाया। दरवाजा खुला तो नवीन बाबू ने पूछा, "मेहरा साहब, राधे क्यों रो रहा है?"

मेहरा साहब ने नाराजगी भरे स्वर में कहा, "अपनी ही नालायकी की वजह से रो रहा है।"

नवीन बाबू ने फिर पूछा, "वह कैसे?"

मेहरा साहब ने बताया "कहता है कि स्कूल ड्रेस खेलते-खेलते फट गई। ड्रेस न पहनने पर स्कूल में सजा मिलेगी। पहले तो इसने बताया नहीं। आप ही बताइए नवीन बाबू, इस वक्त हम क्या कर सकते हैं?"

नवीन बाबू ने राधे से कहा, "दिखाओ तो अपनी ड्रेस?"

राधे रोते-रोते ड्रेस ले आया।

नवीन बाबू ने कहा, "नौकरी लगने से पहले मैंने दर्जी का काम किया था। लाओ आज फिर से कोशिश करता हूं।"

घर आकर नवीन बाबू ने देखा, ड्रेस बुरी तरह से मैली चीकट थी। फटी भी इतनी थी कि मरम्मत नहीं हो सकती थी। नवीन बाबू सोच में पड़ गए, अब क्या करें? जो भी हो राधे की सहायता तो करनी होगी। वे उठे और संदूक खोला। उसमें कुछ कपड़े रखे हुए थे। रात भर बैठकर उन्होंने राधे की ड्रेस तैयार कर दी।

ड्रेस इतनी खूबसूरत सिली थी कि बच्चे ही नहीं, बड़े भी पूछने लगे, "राधे, तूने यह ड्रेस कहां से सिलवाई? वाह, कितनी अच्छी सिली है! हमें भी तो बतलाओ कहां से सिलवाई?"

उत्तर सुनकर बहुत से बच्चे नवीन बाबू के पास अपना कपड़ा लाने लगे।

पहले तो वे सबको मना करते रहे। पर बच्चे थे कि बार-बार बड़े भोलेपन के साथ उनसे कहते, "बाबू जी, बस एक बार हमारी ड्रेस भी सी दीजिए ना! राधे की ड्रेस कितनी सुंदर सी कर दी है!"

तब नवीन बाबू सोच में पड़ जाते। बच्चे उन्हें बहुत अच्छे लगते। ऐसे मासूम, सलोने बच्चों को मना करें तो कैसे और कब तक? उनका मन तो रखना होगा।

"अच्छा बच्चो, तुम हमारा एक कहना मानोगे?" नवीन बाबू ने पूछा।

"हां-हां, क्यों नहीं!" कई बच्चों ने एक साथ उत्तर दिया।

"तुम हमें कुछ दिन की मोहलत दो।"

"यह मोहलत क्या होती है, बाबू जी?"

"हमें कुछ दिन सोचने दो कि हम किस प्रकार से तुम सबकी सेवा कर सकते हैं।"

"हां-हां, जैसे आप चाहें।" इतना कहकर बच्चे वहां से चले गए। रूठकर नहीं, खुशी-खुशी। रूठकर जाने की कहानी तो जरा आगे है।

बच्चे तो चले गए, परंतु अपनी चहकती, मस्ती भरी आवाजें नवीन बाबू के पास छोड़ गए। बच्चों की निश्छल हँसी और मधुर स्वर हर समय नवीन बाबू के कानों में गूंजते रहते।

वे कुछ दिन तक यही सोचते रहे। उन्हें महसूस हुआ कि बच्चों के बीच में रहना बहुत बड़ा वरदान है। संसार में इससे बढ़कर कोई दूसरा सुख है ही नहीं।

एक दिन सबने देखा कि नवीन बाबू की बैठक के बाहर एक तख्ती लटक रही है जिस पर लिखा है–'बच्चों की दुकान'। देखकर मुहल्ले के बच्चे खुशी से झूमने लगे–वाह-वाह बच्चों की दुकान!

बड़े लोग भी दुकान पर गए और कहा, "नवीन बाबू, हमारे भी कपड़े सिलने चाहिए।"

नवीन बाबू ने उत्तर दिया, "जिस दिन बच्चों का काम नहीं आएगा उस दिन आपका काम होगा।"

मगर ऐसा कोई दिन आज तक आया ही नहीं। बच्चों के काम से नवीन बाबू को कभी भी फुरसत नहीं मिलती।

शहर के दर्जी नवीन बाबू के पास पहुंचे। उन्होंने कहा, "हमारी यूनियन के सदस्य बनिए। यह रही दरों की सूची, इसे टांगिए।"

नवीन बाबू का उत्तर था, "क्षमा चाहूंगा। मैंने दुकान बहुत-सा धन कमाने के लिए नहीं खोली। इससे मैं बच्चों के बीच उठ-बैठ सकता हूं तथा अपनी कला की साधना भी पूरी करता हूं। सबको बारी-बारी से कपड़े सी-सीकर देता हूं। किसी की धौंस नहीं सहता हूं। मैं तो बस अपने मन का राजा हूं।"

इतनी जल्दी नवीन बाबू सभी बच्चों के मन के राजा बन गए कि पता भी न चला। नवीन बाबू अपने ऊपर कोई खर्चा नहीं करते। विधवाओं या पढ़ने-लिखने वाले बालक-बालिकाओं की पूरी सहायता करते। अपने लिए कुछ नहीं।

सर्दियों के दिन आ गए थे। बच्चे दुखी थे। दुख का एक कारण था। नवीन बाबू के पास एक भी कोट नहीं था। बच्चे सोचते, 'नवीन बाबू बच्चों के लिए नए से नए कोट सीते हैं। वे हमें सजाते-संवारते हैं पर खुद कैसे साधारण कपड़ों में रहते हैं।'

एक बार सब बच्चे मिलकर नवीन बाबू के पास गए और बोले, "बाबू जी, आप अपने लिए भी एक अच्छा-सा कोट सी लीजिए।"

नवीन बाबू पहले मुस्कराए, फिर कहा, "मेरे पास न तो फालतू पैसा है और न समय। अपने लिए कैसे और कब कोट बनाऊं? मेरा काम तो एक शॉल से ही चल जाता है।"

बच्चे निराश होकर लौट आए। परंतु इस विषय पर बहुत-बहुत सोचते रहे। यह क्या हुआ? बात तो बनी नहीं। अब क्या करें? सबने बैठकर विचार किया।

वे सब फिर नवीन बाबू के पास पहुंचे। कहा, "बाबू जी हम सबने मिलकर एक फैसला किया है। वह फैसला आपको मानना पड़ेगा।"

"बताओ, बताओ क्या फैसला किया है?" नवीन बाबू ने पूछा। "हम भी तो जानें अपने बच्चों का फैसला।"

सृष्टि बड़ी समझदार और चंचल लड़की थी। वही आगे बढ़ी और बोली, "या तो आप चुपचाप अपना कोट बना लें..." इतना

कहकर सृष्टि रुक गई। बच्चे नवीन बाबू को निहार रहे थे।

"...या फिर?" नवीन बाबू ने हँसकर पूछा।

सृष्टि ने ही आगे कहा, "नहीं तो हम सब बच्चे मिलकर अपने प्यारे बाबू जी के लिए एक बना-बनाया कोट खरीद लाएंगे।"

बच्चों का यह फैसला सुनकर नवीन बाबू गद्गद हो गए। ओह! ये बच्चे मुझे इतना चाहते हैं! मैं धन्य हुआ! किन्तु वे छोटे-छोटे बच्चों पर इतना बोझ नहीं डालना चाहते थे। उनका जेब खर्च लेने की तो वे सोच भी नहीं सकते थे।

उन्होंने दुलार भरे स्वर में कहा, "बच्चो, तुम जीते, मैं हारा। मैं अपने लिए शीघ्र ही एक कोट तैयार कर लूंगा।"

बच्चे खुशी-खुशी लौट गए।

कोई बीस रोज गुजरे होंगे। बच्चों के बीच खुशी की लहर दौड़ गई। उन्होंने देखा कि बाबू जी ने एक बहुत ही सुंदर रंग-बिरंगा कोट पहन रखा है। कोट का डिजाइन भी लाजवाब है।

बच्चे मिलकर उन्हें बधाई देने पहुंचे। नवीन बाबू ने उन्हें बताया, "बच्चो, यह कोट तुम लोगों ने ही मुझे दिया है।"

"वह कैसे?" जयंत ने पूछा।

नवीन बाबू ने बताया, "दुकान के पिछवाड़े तुम्हारे कपड़ों की बहुत-सी कतरनें पड़ी हैं ना!"

"हां-हां!" कई बच्चों ने एक साथ कहा।

नवीन बाबू आगे बोले, "बस, उन्हीं कतरनों के ढेर में से कुछ कपड़े उठा लिए, फिर उन्हें सलीके से सजाकर यह कोट तैयार कर लिया। यह तुम लोगों का ही दिया कपड़ा है।"

बच्चे क्या, बड़े तक नवीन बाबू की कला पर मुग्ध रह गए। पूरे शहर में इतने खूबसूरत, एक अलग तरह के कोट की खबर फैल गई। लोग-बाग कोट देखने आने लगे। कुछ लोग ललचाई आंखों से कोट को देखते। अमीर लोग तो मुंहमांगे दामों पर कोट खरीद लेना

चाहते थे। यह जानकर बच्चे डर-से गए। उन्हें चिंता सताने लगी। वे फिर नवीन बाबू के पास गए और कहा, "बाबू जी, वादा कीजिए कि आप यह कोट बेचेंगे नहीं। आपका जन्मदिन आने वाला है। उस दिन आप यही कोट पहनेंगे और हम बच्चे आपसे पार्टी लेंगे।"

नवीन बाबू ने कहा, "देखो बच्चो, अब तुम्हारी जिद पूरी हो ली। मैं इस कोट को पांच-सात रोज पहन ही चुका हूं। इसके अच्छे दाम मिलते हैं तो बुरा क्या है? तुम्हें तो मालूम है कि साथ के गांवों में बाढ़ आई थी। अभी तक लोग तकलीफ से उबर नहीं पाए हैं। बाढ़-पीड़ितों की सहायता के लिए मुझे पैसों की जरूरत है।"

"ठीक है! जैसी आपकी मरजी।" सृष्टि ने गुस्से से कहा।

"मेरी बात तो समझो..." नवीन बाबू कहते ही रह गए।

बच्चों ने कुछ नहीं सुना। वे रूठकर चले गए। वे जानते थे कि बाबू जी उनकी बात नहीं मानेंगे। वे गरीब, असहाय बाढ़-पीड़ितों की मदद करेंगे ही। इससे बढ़कर उनकी कोई खुशी है ही नहीं।

अबकी फिर बच्चों ने एक सभा की। सृष्टि अध्यक्ष बनी। सभी बच्चे फिर से सोच-विचार में डूबे रहे।

तीसरे दिन सभी बच्चे फिर बाबू जी के पास पहुंचे। उनके साथ एक बड़ा आदमी भी था।

नकुल ने कहा, "बाबू जी, आप अपना कोट इन्हें दे दीजिए। ये आपको दो हजार, दो सौ रुपए देंगे।"

वह आदमी दो हजार, दो सौ रुपए में कोट लेकर चला गया।

सृष्टि ने पूछा, "सौदा ठीक रहा ना? कितना अच्छा ग्राहक था!"

बाबू जी ने बच्चों को बहुत प्यार किया। कहा, "शाबाश! तुम मेरे काम आए, तुम सब राष्ट्र के काम आए।"

नवीन बाबू सारा पैसा बाढ़-पीड़ित कोष में जमा कराने जाने लगे तो सृष्टि ने कहा, "बाबू जी, अब हमारी पार्टी नहीं भूलिएगा।"

"शनिवार को ही मेरा जन्मदिन है। तुम सब जरूर आना।"

शनिवार को सभी बच्चों ने अपने प्यारे बाबू जी का जन्मदिन बड़ी धूम-धाम से मनाया। आतिशबाजी छोड़ी, नृत्य किए, गीत गाए। "शुभ कामना! शुभ कामना बाबू जी!" कहा और अंत में एक बड़ा पैकेट भी भेंट में दे दिया।

"अरे भई! यह तकलीफ क्यों की?" बाबू जी ने कहा।

"जरा खोलिए तो!" सभी बच्चों ने उत्साह से अनुरोध किया।

नवीन बाबू ने पैकेट खोला तो दंग रह गए! उसमें से एक कोट निकला। गौर से देखा। अरे। यह क्या? यह तो वही कोट है! उन्हीं का बनाया हुआ। रंग-बिरंगा निराले डिजाइन वाला कोट। "इसे फिर कहां से ले आए?" उन्होंने आश्चर्य से पूछा।

एक बड़े लड़के ने कहा, "बाबू जी, यह तो हम समझ गए थे कि समाज-सेवा ही आपका धर्म है। इससे ऊपर आप किसी की बात मानेंगे नहीं। इसलिए हम सबने थोड़े-थोड़े पैसे इकट्ठे किए, फिर जिलाधीश जी से भी सहायता मांगी। वे ही आकर आपसे कोट ले गए थे। इस प्रकार हम सबने भी बाढ़-पीड़ितों की सहायता में हिस्सा लिया। आप तुरंत यह कोट पहन लीजिए। अभी जिलाधीश जी भी आपको जन्मदिन की बधाई देने आने वाले हैं।"

अब बाबू जी भला बच्चों को मना कैसे करते? उन्होंने कोट पहन लिया। बच्चे फूले नहीं समा रहे थे।

तभी जिलाधीश जी ने प्रवेश किया। उनके हाथ में फूलों की एक बड़ी माला थी। उन्होंने बाबू जी को माला पहनाई। कहा, "नवीन बाबू, हमें आप पर गर्व है! आप बच्चों में कितने अच्छे संस्कार डाल रहे हैं। दूसरों के लिए जीने की राह दिखा रहे हैं!" फिर उन्होंने बाबू जी को गले लगा लिया।

बच्चों ने तालियां बजाईं। "बाबू जी जिंदाबाद" के नारे लगाए।

नन्हें-मुन्नों का इतना प्यार पाकर बाबूजी की आंखें खुशी से छलछला आईं।

बहादुर तानजू

तानजू छोटी-सी पहाड़ी लड़की है। गोरी चिट्टी, भेड़ों के ऊन से बने मोटे-मोटे कपड़ों के बीच से झांकता उसका गोरा, फूल-सा चेहरा हर समय खिला-खिला रहता है। सब उसे बहुत पसंद करते हैं, उसको प्यार करते हैं।

उसका घर अल्मोड़ा के एक गांव की पहाड़ी पर है। आठ साल की तानजू की मां नहीं है। वह अपनी दादी और पिता के साथ रहती है। पहाड़ के ढलान पर उसके पिता की खेती है। पर होरीराम का असली काम है पर्वतारोहियों का सामान ढोना। इस काम के लिए वह जब निकल जाता है तब महीनों घर नहीं आता है। तानजू अपनी दादी के साथ तब अकेले ही रहती है।

वहां झरने के उस पार उसका स्कूल भी है। कक्षा तीन में पढ़ती है तानजू। पहाड़ी झरने-सी उछलती-कूदती वह मिनटों में अपने स्कूल पहुंच जाती है। दादी डरती कि कहीं तानजू का पांव न फिसल जाए, कहीं गिर न जाए। वह हमेशा तानजू को टोकती, "देख तानजू, ऐसे नहीं चला करते हैं। गिर जाएगी। किसी दिन

ऐसा पांव फिसलेगा कि सीधी नीचे पहुंच जाएगी।"

दादी की बात सुनकर तानजू खिलखिलाकर हँसने लगती। कहती, "दादी, तुम डरो मत। पहाड़ पर से मेरे पांव कभी नहीं फिसलने वाले हैं। तुम तो जानती हो कि बापू के साथ मैं कितनी ही बार पहाड़ों की चढ़ाई चढ़ चुकी हूं।"

दादी धूप में कपड़े डाल रही थी। हाथ रोककर मुस्कराई, "अरी पगली, चढ़ने और उतरने में फर्क होता है!"

दादी की बातों पर हँसा करती है तानजू। उसका ख्याल है कि सभी की दादियां इसी तरह से छोटी-छोटी बातों के लिए डरा करती हैं। फूलवती की दादी और मां भी तो उसे कितना टोका करती हैं। पास ही तो उसका घर है, लेकिन खुद आकर उसे तानजू के घर छोड़ जाती हैं और खुद ही लिवा ले जाती हैं।

"तुम बेफिक्र रहो दादी, मुझे कुछ नहीं होगा!" कहती हुई बस्ता कंधे पर टांग, भेड़ों के झुंड को तितर-बितर करती, पहाड़ी गाना गाती, बड़े-बड़े पत्थरों पर कूदते हुए तानजू नीचे उतर जाती।

दादी हाथ जोड़कर भगवान से मन ही मन प्रार्थना करती और अपने काम में लग जाती। उसका डरना स्वाभाविक भी था। तानजू का बापू करीब-करीब आठ-दस महीने 'पर्वतारोहण प्रशिक्षण केंद्र' में ही रहता है। महीने पंद्रह दिनों के लिए घर आ जाता है सुस्ताने। खेती-बाड़ी का सारा काम तानजू की दादी ही करती है। जब से तानजू की मां नहीं रही, तब से दो-तीन साल हुए दादी चिंतित रहने लगी है। पचास भेड़ें भी हैं उनके पास, उनकी देखभाल करनी पड़ती है। उन्हें दूर चराने ले जाना पड़ता है।

बर्फ पिघल गई थी, पर तानजू के बापू नहीं लौटे थे। शायद उन्हें काफी दूर भेज दिया गया था। अब भेड़ों को चराने पहाड़ी पर कौन ले जाए? इधर खेत का काम भी था। यही सब्जी लगाने का समय भी था। पता किया तो मालूम हुआ, आस-पास रहने वाले सभी

चरवाहे अपनी-अपनी भेड़ों के साथ रवाना हो चुके हैं।

एक रात दादी को चिंतित देख तानजू ने पूछा, "तुम आजकल इतनी परेशान क्यों रहती हो, दादी?"

"बेटा, भेड़ों को चरागाह ले जाने का समय निकलता जा रहा है। देखती नहीं भेड़ें कितनी परेशान हैं? दिन-रात "में-में" करती रहती हैं। वे पहाड़ों की नई उगी नरम-नरम घास के लिए तरस रही हैं। मेरी समझ में नहीं आ रहा है कि मैं खेत संभालूं या भेड़ों को चराने ले जाऊं कि तुझे संभालूं।"

"बस! इतनी-सी बात है? मैं ही भेड़ों को चराने ले जाती हूं, दादी!" कहते हुए तानजू उछलकर खड़ी हो गई।

दादी ने हाथ पकड़कर बैठाते हुए कहा, "तू इतनी छोटी है। तू कहां ले जाएगी? कई कोस जाना पड़ेगा। इधर घास कहां है?"

"बापू तो रोज लौट आते थे।"

"तब वह पास ही लेकर जाता था। इस बार वहां सरकार ने सेब के पौधे लगाकर बाड़ से घेर दिया है," चिंतित होकर दादी ने कहा, "मैं तो रोज ही उन्हें आस-पास चराने ले जाती हूं, लेकिन उनका पेट नहीं भरता है।"

"दादी, तुम चिंता न करो! मैं उन्हें चराने ले जाऊंगी। मुझे वह जगह याद है जहां बापू पहले भेड़ों को ले जाया करते थे।"

"पागल हो गई है क्या? इतने छोटे बच्चे भेड़ें लेकर दूर नहीं जाते हैं। चोर-डाकू के अलावा जंगली जानवर भी होते हैं जो भेड़ों को उठा ले जाते हैं। तुझे भी उठाकर ले जा सकते हैं; उस पर कुछ भेड़ें तो वहीं बच्चे भी जनती हैं। नहीं-नहीं, तेरे वश का यह काम नहीं। तू चुपचाप रह। जो होगा, देखा जाएगा।"

पर तानजू कैसे चुपचाप रहती? उसे भेड़ों के लिए चिंता होने लगी। उसे मालूम था कि चरने न जाएंगी तो कुछ भेड़ें भूख के मारे मर जाएंगी। नहीं...तानजू को कुछ तो करना ही होगा। उसने मन

ही मन कुछ निश्चय कर लिया और मौके की तलाश में रहने लगी।

तीन-चार रोज बाद, जब दादी खेत पर काम करने चली गई तो तानजू ने जल्दी से आटा साना और धीरे-धीरे सुलग रहे चूल्हे की आग को तेज करके कुछ रोटियां सेंक लीं। अपने सारे कपड़े पहन लिए। अपना कंबल कंधे पर डाला। रोटियां बांधकर कंधे पर टांग लीं और कोने में रखा एक डंडा उठाकर घर से बाहर निकल आई। देखा, दादी खेत के काम में मगन है। उसे पता था कि शाम से पहले दादी घर नहीं लौटेगी।

तानजू ने इधर-उधर चर रही भेड़ों को हांककर इकट्ठा किया और घर के पीछे वाली पगडंडी के रास्ते चल पड़ी। थोड़ी देर बाद ही भेड़ों की समझ में भी आ गया कि वे चरागाह जा रही हैं। वे एक साथ 'में-में' करती तेजी से उछलती-कूदती आगे बढ़ने लगीं। तानजू जल्दी-से-जल्दी दूर चली जाना चाहती थी, इसलिए उसने गलियों में से होकर भेड़ों को हांकना शुरू किया।

चलते-चलते काफी समय बीत गया। कई किलोमीटर आगे निकल आई थी वह। लेकिन अभी तक उसे पहचान वाला एक भी पड़ोसी नहीं दिखाई दिया था। हरी-हरी घास सूरज की तेज किरणें पड़ने से सफेद दिखाई दे रही थी। प्रकृति की इस आंख-मिचौली से तानजू खूब परिचित थी। उसने अपनी भेड़ों को एक तरफ ऊंचाई की ओर हांकना शुरू किया। बगल से बहती नदी देखकर 'में-में' करती भेड़ें उधर लपकीं तब तानजू को ध्यान आया कि भूख-प्यास उसे भी लगी है। एक ऊंचे से पत्थर पर बैठकर उसने अपनी पोटली खोली और एक रोटी पर थोड़ा-सा नमक लगाकर खाने लगी। पांवों के नीचे फैली हरियाली, उस पर बेतरतीब फैले काले-काले पत्थर, बगल से बहती गहरे नीले रंग की पहाड़ी नदी और सिर के ऊपर चटक नीला स्वच्छ आकाश—इतना सारा प्राकृतिक वैभव देखकर वह खाना भूल गई।

कब सूरज ढलने लगा और वह कितनी दूर चली आई है, इस बात का पता ही नहीं लग पाया उसे। जब देखा कि भेड़ें कुछ घनी झाड़ियों के इर्द-गिर्द इकट्ठी हो गई हैं और आगे नहीं बढ़ रही हैं तब वह समझ गई कि आज रात यहीं बितानी होगी। उसने आस-पास नजर दौड़ाई। कहीं कोई ऐसी जगह नहीं थी जिसमें घुसकर वह ठंड से बच सके। हां, थोड़ी दूर पर तीन पत्थर इस तरह से पड़े थे कि उनके बीच जरा-सी बैठने भर की जगह बन गई थी। एक पत्थर उन तीनों पत्थरों के ऊपर टिका हुआ था। तानजू ने वहीं रात बिताने की सोची। अब उसने चारों ओर देखा। कुछ सूखी लकड़ियां जल्दी-जल्दी चुनकर आस-पास पड़े चकमक पत्थरों की मदद से आग जलाई। यह काम वह बचपन से करती आ रही थी इसलिए तानजू को आग जलाने में कोई दिक्कत नहीं हुई।

पिछली बार जब वह बापू के साथ आई थी तो उसने देखा था कि भेड़ों के छोटे-छोटे बच्चों को बापू ने आग के पास कपड़ा ढककर लिटा रखा था और उन्हीं के बीच में उसे भी सुला दिया था। यूं भी आग जलते ही कुछ भेड़ें अपने आप ही वहां चली आई थीं। कुछ बैठने लगी थीं, कुछ सट-सटकर खड़ी थीं। तानजू ने उठकर सबसे छोटे-छोटे तीन बच्चे पकड़े और उन पत्थरों के नीचे ले जाकर अपने साथ लाए कंबल से उन्हें ढक दिया। स्वयं भी उसी में दुबक गई। बैठे-बैठे उसे झपकी आने लगी तो वह उन भेड़ों के बीच दबककर भूखी-प्यासी ही सो गई।

दूसरे दिन उसने सोचा कि और अच्छी जगह ढूंढ़ी जाए, जिससे रात और आराम से बीत सके। भेड़ों को लेकर आधे घंटे पहाड़ की चढ़ाई चढ़ने के बाद उसे अपने चारों ओर फैली हरियाली को देखकर विश्वास हो गया कि यहां भेड़ें खूब खुश रहेंगी। पास ही एक पहाड़ी गुफा थी। उसे झाड़कर साफ करने के बाद तानजू ने थोड़ी दूर पर बह रही नदी में जाकर हाथ-मुंह धोए। इसी नदी के

सहारे-सहारे ही वह आगे बढ़ी थी। यही उसके वापस जाने की पहचान थी। उसने अपने बापू से सुन रखा था कि ऐसी ही किसी चीज की पहचान बना ली जाती है, जिससे कि रास्ता न भूल जाएं।

थोड़ी देर तक बर्फीले ठंडे पानी में पैर डुबाए खेलती रही तानजू। फिर सहसा उसे दादी का ध्यान आ गया। बेचारी! कल खेत से लौटकर तानजू को न देखा होगा तो कितनी परेशाान हुई होगी। फिर भेड़ों को न पाकर उसने अवश्य ही समझ लिया होगा कि तानजू उन्हें चराने ले गई होगी। रात भर दौड़ती फिरी होगी दादी। घर-घर गई होगी कि कोई जाकर तानजू को ढूंढ़ लाए। परंतु किसी घर में इन दिनों मर्द लोग रहते कहां हैं? वे तो सब अपनी-अपनी भेड़ों के साथ दूर निकल जाते हैं। औरतें ही रह जाती हैं, जो खेत जोतती-बोती हैं, दूसरे हस्तशिल्प के काम करती हैं जिससे उनके परिवार का पालन-पोषण हो सके। टोकरी बुनने, स्वेटर बुनने जैसे कामों में उनका सारा-सारा दिन बीत जाता था।

दादी की याद आते ही तानजू का मन उदास हो गया। यह सोचकर उसे दुख हुआ कि बेचारी रो-रोकर खाना-पीना छोड़ बैठी होगी। लेकिन भेड़ों को चराने ले आना भी तो जरूरी था। अगर वह इन्हें न ले आती और बापू की राह देखती रहती तो न जाने कितनी भेड़ें भूखी ही मर गई होतीं। उसने गरदन घुमाकर चर रही भेड़ों को देखा, कितनी खुश दिखाई दे रही हैं सब।

तीन दिन आराम से कट गए, पर चौथी रात को पहाड़ी भेड़िये ने आक्रमण कर दिया। गहरी नींद में सोई तानजू, भेड़ों को जोर-जोर से मिमियाते सुन, उठ बैठी। उसने उछलकर अपना डंडा उठाया और गुफा से बाहर निकल आई। देखा, थोड़ी दूर पर एक बड़ा-सा भेड़िया दांत निकाले खों-खों कर रहा है। झट उसने जलती आग से एक लकड़ी खींच निकाली और निशाना साधकर भेड़िए की ओर फेंकी। जलती हुई लकड़ी आगे बढ़ते हुए भेड़िये की

पीठ पर गिरी और चिल्लाता हुआ वह उलटे पांव भागा।

भेड़िया तो भाग गया, पर तानजू जानती थी अब यहां पड़ाव डाले रहना खतरे से खाली नहीं। अब हर रोज भेड़ियों का आक्रमण होगा इसमें कोई शक नहीं। और क्या पता, वही दुष्ट भेड़िया अन्य भेड़ियों को लेकर अभी ही न लौट आए। उसने उस ठंडी रात में कुछ और लकड़ियां चुनीं और भेड़ों को बीच में लेते हुए उन लकड़ियों को जलाकर एक बड़ा-सा घेरा बना दिया। वह स्वयं भी डंडा हाथ में लिए जागती बैठी रही।

वह रात जैसे-तैसे बीती। सुबह होते ही वह नदी के सहारे चार-पांच किलोमीटर और ऊपर चढ़ गई। यहां उसे एक खूब बड़ी-सी, साफ-सुथरी गुफा दिखाई दी। गुफा पतली जरूर थी, पर लंबी थी। तानजू ने सोचा कि इसमें तो उसकी सारी भेड़ें मजे से रह लेंगी और गुफा के दरवाज़े पर वह आग जला देगी। आस-पास कुछ जंगली फलों के पेड़ और जंगली देवदारु के पेड़ों की कतारें भी नदी के किनारे-किनारे दूर तक फैली थीं।

तानजू सारे दिन मीठे पहाड़ी गीत गाती रही। साथ ही खूब सारी लकड़ियां भी बटोरकर रख लीं उसने। खाने के लिए रोटियां खत्म हो चुकी थीं इसलिए साथ लाई सत्तू की पोटली खोल ली उसने। सेब के पत्तों को धोकर एक बड़ा-सा दोना बनाया। उसी में सत्तू को घोला और खट्टे-मीठे सेबों के साथ जमकर खाया।

शाम होते ही उसने भेड़ों को गुफा के भीतर हांक दिया। वह दिन में ही एक बड़ा-सा पत्थर धकेलती-लुढ़काती गुफा के मुहाने तक ले आई थी। उसे भी जमा दिया सही जगह पर और तब सजाकर रखी लकड़ियों के ढेर में आग लगा दी। हमेशा की तरह छोटी-छोटी भेड़ों को अपने कंबल में दुबकाकर खुद भी सो गई।

सहसा तानजू को लगा कि कोई बोल रहा है। वह चौंककर उठ बैठी। इसका मतलब था कि बाहर कुछ लोग हैं। उसने समझ लिया

कि डाकू हैं जो उसकी भेड़ें चुराने आए हैं। अब वह किसी भी हालत में अपनी भेड़ों को बचा न सकेगी।

पल भर के लिए उसने कुछ सोचा और फिर यूं ही बैठे-बैठे कुछ नाम पुकार डाले—"भोला, रामू, थाप्पा, बलदेव, बापू, चाचाजू, दाजू! उठो-उठो...अपनी रायफलें उठाओ...बाहर डाकू हैं!"

और सचमुच बाहर डाकू ही थे, जो संख्या में कुल दो थे। उन लोगों ने गुफा में झांककर देखने की कोशिश की थी, पर अंधेरा होने और आग बुझ जाने के कारण उन्हें कुछ दिखाई नहीं दिया था।

तानजू ने जब इतने नाम पुकारे और भेड़ों के आगे-पीछे खिसकने से जो खस-खस की आवाज़ हुई उससे डाकू डर गए। वे समझे कि सचमुच ही यहां इतने सारे लोग हैं। वे भाग खड़े हुए।

तानजू हिम्मत करके अपना डंडा लेकर बाहर निकली तो उसने उन्हें भागते देखा और जोर-जोर से चिल्लाने लगी, "चला दो गोली बलदेव, सीधी पीठ पर जा लगेगी। हां-हां, देर क्यों कर रहे हो, निशाना साधकर घोड़ा दबा क्यों नहीं देते हो?"

डाकू और भी तेजी से भागे तो अंधेरे में खड़ी वह साहसी लड़की खिलखिलाकर हँसने लगी। देर तक खड़ी हँसती रही तानजू उन डाकुओं के डरपोकपन पर।

और तभी उसने अपने कंधे पर किसी का स्पर्श अनुभव किया। पहली बार उसके शरीर के रोंगटे खड़े हो गए। गले से आवाज निकलनी बंद हो गई। लकवा-सा मार गया उसे। कहीं हिम-शिखर पर निवास करने वाला रीछ तो नहीं? तब तो उसकी खैर नहीं। उसे उठा ले जाएगा रीछ—मार डालेगा! वह डर के मारे चीखने ही वाली थी कि कोई बोला, "यू आर ए ब्रेव गर्ल...तुम बहोत बहादुर है। तुमने दो-दो डाकुओं को अपने क्लेवरनेस से भगाकर हमारी जान बचा ली...धन्यवाद...थैंक्यू!"

यह तो इनसान की आवाज है...किसी अंगरेज आदमी की। उसने

धीरे-से अपने पीछे मुड़कर देखा। गरम कोट, टोपी, दस्तानों से पूरा शरीर ढके दो लोग खड़े थे उसके पीछे।

"कौन हैं आप लोग?"

"हम मुसाफिर है। रास्ता भटक गया है हम दोनों। हमें अकेला पाकर डाकू लोग हमें लूटने भागा। हम छिपकर उधर बैठा था। इधर आग थोरा-थोरा जलता देखकर आ रहा था। तभी डाकू लोग आ पहुंचा।"

तानजू ने उनको ठीक से देखने के बाद कहा, "आप इस गुफा के भीतर जाकर बैठिए, मैं आग और अच्छी तरह से जला देती हूं। आप को कहां जाना है?"

"हम लोग अल्मोड़ा अभी जाएगा। हमारा पार्टी जरूर आगे पहुंच गया होगा। हम साइट-सीइंग को गया था...बड़ी पार्टी थी...फिफ्टी लोग थे...टुमारा नाम क्या होटा? टुम खूब ब्रेव है!"

"मेरा नाम तानजू है, साहब! आप भीतर जाकर बैठिए। मैं आपको अल्मोड़ा ले जाऊंगी।"

दोनों अंगरेज झुककर गुफा में घुसे। वे भीतर भेड़ों का झुंड देखकर आश्चर्यचकित रह गए। उससे भी ज्यादा आश्चर्य उन्हें तब हुआ जब देखा कि गुफा के भीतर कोई दूसरा आदमी नहीं था।

तानजू आग में लकड़ियां डालकर जला रही थी। उसकी रोशनी में अंगरेज ने देखा कि वह एक नन्ही-सी बच्ची है। उन्हें अपने बच्चे याद आए। उनका हृदय तानजू के लिए प्रशंसा से भर उठा। इस ठंड में एक पुराना-फटा कंबल ओढ़े यह लड़की इतनी सारी भेड़ों के साथ यहां इतनी खतरनाक जगह में अकेली...कितने प्रकार के जंगली जानवर हैं...चोर डाकू हैं...पर इसे किसी का डर नहीं!

उनमें से एक ने आग की लपटों की ओर अपने हाथ बढ़ाते हुए पूछा, "टानजू, टुम्हारा फादर किदर है? आई मीन, वह शीप्स नहीं चड़ाटे?"

"चराते हैं साहब, लेकिन इस बार उन्हें लौटने में देर हो गई है।"

"किदर है वो?"

"वह माउंटेनियरिंग ट्रेनिंग स्कूल में काम करते हैं, साहब। हर साल इस समय लौट आते हैं, पर इस बार शायद दूर चले जाने की वजह से लौट नहीं सके हैं।"

"टुमको डर नहीं लगटा है?" दूसरा साहब बोला।

"नहीं साहब!"

"टुम हमेशा आटा है?"

"नहीं, पहली दफा आई हूं! कल आपके साथ लौट जाऊंगी। मेरी दादी, माने मेरी ग्रैंडमदर घबरा रही होंगी। अगली बार उनकी इजाजत लेकर आऊंगी। साहब, आप वह कंबल ढक लो...आपको जाड़ा लगता होगा!"

"नहीं-नहीं, हम काफी गरम पहना है, इसको टुम ले लो।"

तानजू हँसकर अपने कंबल में घुस गई और मिनटों में गहरी नींद सो गई।

सुबह उसने वापस चलने के इरादे से भेड़ों को नीचे की ओर हांकना शुरू किया। फिर वह अंगरेजों से बोली, "भेड़ों के साथ जाने में टाइम लगता है। ये चरते हुए चलती हैं न!"

"कितना टाइम लगेगा अल्मोड़ा जाने में?"

"इसी तरह जाएंगे तो पांच दिन लग ही जाएंगे। जल्दी करने पर भी चार रातें तो पहाड़ पर काटनी ही होंगी।"

"ओ गॉड! टुम हमको कोई रास्ता नहीं बटा सकटा? हम जल्दी जाना मांगटा।"

"तो इसी नदी के किनारे-किनारे चलते जाना। कहीं-कहीं गांव दिखाई देगा। वहां पूछ लेना, वे लोग रास्ता बता देंगे।"

"और टुम?"

"मैं तो इनके साथ ही उतरूंगी, साहब! ये भेड़ें तो चरते-चरते

ही उतरती हैं। मुझे इनकी देखभाल करनी होगी।"

"इन्हें जल्दी-जल्दी लेकर चलो। हम लोग तुमको अकेले छोड़ना नहीं मांगता।"

"आपको रुकना नहीं चाहिए, साहब! खाने की तकलीफ होगी। यहां इतने ऊपर कुछ नहीं मिलता है।"

"हमारे साथ ब्रेड है, टिन्ड फूड है। चलो, हम टुमारे साथ ही चलटा है।" जाने क्या सोचकर दोनों अंगरेजों ने इरादा बदल दिया। एक झाड़ी के किनारे अपनी पीठ पर बंधा सामान उतारकर रखा और चमचमाती धूप में जगमगाते पानी के किनारे पत्थर पर जा बैठे।

और सचमुच, पांचवें दिन दोपहर को तानजू अपने छोटे-से गांव डोंडी पहुंच गई।

उसे देखते ही माल्यू की मां बोल उठी, "अरे, तू कहां चली गई थी? तेरी दादी तो रो-रोकर परेशान है। उसने तुझे ढूंढ़ने के लिए चारों ओर लोगों को भेजा है।"

सुनकर तानजू और भी तेजी से चलने लगी। अंगरेजों से बोली, "पहले मेरे घर चलो, साहब, मेरी दादी परेशान है। फिर मैं आपको पुलिस स्टेशन पहुंचा दूंगी। वे लोग आपकी मदद करेंगे।"

"यस...क्विक...क्विक! टुम्हारा दादी वरी करटा है!"

पांच मिनट बाद भेड़ों की "में-में" सुनकर दादी और गांव की दो महिलाएं घर से बाहर निकल आईं। देखा, तानजू धूप में बैठे अपने बापू के गले से लिपटी झूल रही है। पास ही दो अंगरेज साहब भी खड़े-खड़े हँस रहे हैं।

मां को देखते ही तानजू के बापू ने हँसकर कहा, "बऊआ, मैंने कहा था न कि तानजू मेरी बहादुर लड़की है, उसे कुछ नहीं होगा! देख लिया न!" फिर अंगरेजों से बोला, "आइए साहब, यहां बैठिए! हम आपको गरम-गरम 'टी' पिलाएगा।

“बापू, इन्हें पुलिस चौकी तक पहुंचा आओ। इनके साथी लोग खो गए हैं।”

“अभी पहुंचा देंगे, पहले साहबों को ‘टी’ पिलाओ। आप बैठो न साहब, इस खाट पर आराम से बैठो!”

तानजू भागकर दादी के पास पहुंची। हँसकर बोली, “दादी, मुझे माफ कर दो, अब फिर ऐसा काम नहीं करूंगी!”

पर दादी के कान तानजू की नहीं, अंगरेज साहबों की टूटी-फूटी हिंदी में कही जाने वाली बात पर लगे थे। साहब बता रहे थे कि तानजू ने कैसे उन खूंखार डाकुओं को भगाया था, कैसे उसने भेड़िए से अपनी भेड़ों की रक्षा की थी। कितनी बहादुर तथा प्यारी बिटिया है तानजू!

दादी ने अनजाने में ही, गले से झूलती तानजू को सीने से भींचते हुए चूम लिया।

महंगी पड़ी

न! रूपम नहीं सुधरेगा!

सुजय वर्मा, रूपम के पिता का कहना था, "जो समझाने-बुझाने, प्यार-मोहब्बत से न माने, उसे दंड देना चाहिए। भूखा रखो तो एक दिन में अक्ल ठिकाने आ जाएगी।"

तनया पति की बात से सहमत न थी, लेकिन करे क्या? लड़का सुधरता ही नहीं था। और कोई बुराई नहीं थी, बुराई थी तो बस लापरवाही की। हर चीज को बेतरतीब इधर-उधर फेंककर रखना उसकी आदत थी। इस आदत के कारण हर रोज उसे वक्त पर कुछ भी नहीं मिलता था। सारे लोग उसकी चीज ढूंढ़ने में लग जाते, पर आसानी से मिले तब न। ढूंढ़ते वक्त तो रूपम अपने को कोसता, मिल जाती तो भूल जाता।

एक दिन सुबह, जब कई आवाजें लगाने पर भी रूपम न आया तो सुजय उसके कमरे में गए। कमरे का हाल देखकर ठगे से देखते रह गए। रात के उतारे कपड़े मेज पर, अलगनी के कपड़े खाट पर, दो किताबें मेज के नीचे, मोजे कुरसी पर, जूते तो खैर गायब ही थे।

सिरहाने रखा टेबललैंप जल रहा था और रूपम जी आधे बिस्तर पर आधे जमीन पर लटके सो रहे थे। देखकर सिर से पांव तक सुलग उठे सुजय।

कान पकड़कर सीधा करते ही रूपम की आंखें खुलीं। सामने पापा को देखकर उसकी सिट्टी-पिट्टी गुम हो गई। चुपचाप आंखें मलता एक तरफ खड़ा हो गया।

सुजय डपटकर बोले, "क्यों, क्या बजा है? रोज कितने बजे उठते हो? जरा घड़ी तो देखो।"

रूपम की हिम्मत न हुई कि दीवारघड़ी की ओर देखे। सिर झुकाए खड़ा रहा।

"और ये है तुम्हारे कमरे का हाल? ऐसे रखा जाता है कमरा?"

रूपम चुप।

"रोज मम्मी तुम्हारा कमरा ठीक करती हैं न?"

"जी!" एक फुसफुसाहट निकली।

"तब तुम घर आते ही हर चीज फैलाते क्यों हो? देखो जरा, शाम के कपड़े कहां पड़े हैं? जूते कहां गए?"

"बाथरूम में।" डरते-डरते रूपम बोला।

"क्यों? बाथरूम में रखे जाते हैं जूते? यह केमिस्ट्री की किताब मेज के नीचे क्यों पड़ी है? वहीं बैठकर पढ़ रहे थे क्या?" कहते हुए उन्होंने फिर रूपम के दोनों कंधे पकड़कर झकझोर दिए।

"अब नहीं करूंगा, पापा!" आंसू छलछला आए।

"इन आंसुओं का मुझ पर असर नहीं होने वाला। सारा कमरा ठीक करो, बिस्तर भी। अबसे तुम्हारा कमरा कोई ठीक नहीं करेगा। जब बिल्कुल ठीक हो जाए, तभी बाहर आना।" कहते हुए सुजय बाहर चले गए।

रूपम ने कमरे में चारों ओर नजर दौड़ाई...उसे लगा पहली बार देख रहा है। बाप रे!...इतना गंदा? इतनी सारी सफाई अकेले कैसे

होगी? यह भी तो पता नहीं चल रहा है कि कौन-से धुले कपड़े हैं और किन्हें धुलने देना है? रात को ढूंढ़ने के चक्कर में अलगनी के कपड़े बिस्तर पर पटक दिए थे...उसे क्या पता था कि पापा आज सुबह-सुबह कमरे में आ जाएंगे?

किसी तरह से रो-गाकर, आधे-पौन घंटे में रूपम ने कमरे का नक्शा बदल डाला। आधे कपड़े उसने अलमारी में ठूंस दिए, बाकी मैले कपड़ों की टोकरी में। चप्पल ढूंढ़ने पर भी नहीं मिली। जूता लाकर अलगनी के नीचे रख दिया। रातभर कुरसी के हत्थे पर गीला तौलिया पड़ा रहने के कारण पॉलिश खराब हो गई थी। तौलिया बाथरूम में टांग आया। किताबें मेज के नीचे से उठाकर रेक पर सजा दीं। पल भर के लिए कमरे को देखकर मुग्ध न हुआ हो ऐसी बात नहीं। परंतु बस इतना ही...इससे ज्यादा नहीं।

"मम्मी-मम्मी! बड़ी भूख लगी है! डबल ऑमलेट खाऊंगा..." मुंह की बात मुंह में ही रह गई। कमरे में पापा मौजूद थे।

सामने से अखबार हटाकर सुजय बोले, "कमरा बिलकुल ठीक हो गया? कपड़े, किताबें, बिस्तर?"

"बिस्तर तो रामजतन..."

गुस्से से भरकर सुजय बोले, "मैंने क्या कहा था? आज से तुम अपना सारा काम करोगे! छोटे नहीं हो, आठवीं में पढ़ते हो। जाओ, बिस्तर ठीक करके आओ।"

इसे रूपम नौकरों का काम समझता था, इसीलिए गरदन झुकाए खड़ा रहा।

सुजय, तनया से बोले, "देख रही हो अपने लाड़ले को? आज इसे खाना मत देना। ढीठ होने की यही सजा है।" सुजय उठकर वहां से चले गए।

रुआंसा रूपम, अभिमान और अपमान की आग में सुलगता कमरे में गया और भीतर से चिटकनी लगा ली।

दूसरे दिन दस बार पुकारने पर रूपम आंखें मलता उठ बैठा। सामने नाराज तनया खड़ी थी। बोली, "घड़ी की तरफ देखो, कितने बजे हैं? कल से अलार्म लगाकर खुद उठना।"

नौ बजने में दस मिनट! बाप रे! उछलकर सीधे बाथरूम में जा घुसा। दांत मांजे। दो लोटा पानी सिर पर डाल उसने खूंटी की ओर हाथ बढ़ाया। यह क्या? तौलिया कहां गया?...हाय राम! तौलिया तो फिर कुरसी के हत्थे पर पड़ा है!

"मम्मी-मम्मी...रामजतन! प्लीज, कोई मुझे तौलिया दे दो उठाकर!" गला फाड़कर चिल्लाने पर भी कोई जवाब नहीं मिला। तनया सुनकर भी उधर नहीं गई, न रामजतन को जाने दिया।

अंत में अपने को कोसता रूपम भीगे बदन ही तौलिया लेने कमरे में आया। कपड़े पहनने लगा तो स्कूल की स्लेटी पैंट गायब...गई कहां? कभी यहां ढूंढ़ता, कभी वहां...कभी लगता अलगनी पर टांगी थी, कभी सोचता अलमारी में होगी। ढूंढ़ते-ढूंढ़ते अलमारी और अलगनी के सारे कपड़े फर्श और खाट पर फैल गए। लेकिन पैंट थी कि जैसे उड़ गई थी। मैले कपड़ों की टोकरी में भी नहीं थी।

"मम्मी, मेरी पैंट कहां है?" दरवाजे के पास जाकर रो पड़ा।

"कल शाम को तुमने जहां उतारी होगी, वहीं देखो न!"

"कहीं नहीं है!" खीजकर रूपम बोला।

"बेटा, अब तो मैं तुम्हारे कमरे में जाती नहीं हूं, इसलिए बता नहीं सकूंगी कि पैंट कहां मिलेगी। तुम ढूंढ़ो, वहीं कहीं होगी।"

"कहां खोजूं?" कहते हुए दुखी रूपम ने अलमारी के ऊपरी खाने पर हाथ बढ़ाया...हाथ में कुछ छू गया। उसे ही खींच निकाला...अरे! ये तो पिछले साल वाली पैंट है...कसी और ऊंची।

"रामजतन," पुकारा ही था कि सुजय की गंभीर आवाज सुनाई पड़ी, "वह बाजार गया है, रूपम।"

"तो मम्मी को भेज दीजिए, पापा। मेरी दूसरी पैंट..."

उसकी बात पूरी न हो पाई थी कि तनया बोली, “तुम तो दोनों पहन रहे थे...धोबी को गई होगी।”

सिर पीट लिया रूपम ने। आज ही पैंट को खोना था! फिजिक्स का टेस्ट न होता तो...उस पर घरवालों का यह असहयोग आंदोलन... अपने आपको कोसा रूपम ने और उसी कसी पैंट को चढ़ाने लगा।

जब डायनिंग रूम में पहुंचा, तनया ने हँसी निकल जाने के डर से उसकी तरफ देखा तक नहीं।

उस दिन स्कूल में खूब गत बनी। लड़के उसे चिढ़ाते रहे, गुदगुदा-गुदगुदाकर गिराते रहे। सबसे ज्यादा दुख तब हुआ, जब फुटबाल न खेल सका। जी ललचाने पर भी बैठने को मजबूर था। बैठे-बैठे, मन ही मन अपने को डांटता रहा, ‘और इधर-उधर फेंककर रखो। वक्त पर धोने न डालो...यही होगा। कसम खाओ कि आइंदा से लापरवाही न करोगे!’

पर आदत बिगाड़ना आसान है, सुधारना कठिन।

इसी घटना के चार दिन बाद, बस्ता लगाते वक्त अचानक टेस्ट ट्यूब का ध्यान आया...आज ही चाहिए, प्रैक्टिकल जो है। वहीं से चिल्लाया, “मम्मी, रामजतन को भेजकर चार टेस्ट ट्यूब मंगवा दो, वरना बेहद मार पड़ेगी।”

एक बार तो तनया का हृदय पिघला, पर तुरंत कड़ा कर लिया। बोली, “सुबह-सुबह टेस्ट ट्यूब कैसे आएंगे? दुकान तो साढ़े दस बजे खुलेगी। तुम्हें कल कहना चाहिए था न! मैं कल बाजार गई थी, ले आती। ठीक है, अपनी लापरवाही की सजा भुगतो!”

“मम्मी, प्लीज! तुमको क्या हो गया है? पहले तो तुमसे जो मांगता था, वही ला देती थीं। अब मना कर देती हो। मम्मी, अच्छी मम्मी! फिजिक्स के टीचर बड़े अनुशासनप्रिय हैं।”

“पहले तुम्हारा सब काम मैं ही कर देती थी। उसी का फल तो है कि तुम इतने लापरवाह और गैरजिम्मेवार हो गए हो। अब मैं

तुम्हारी कोई विनती नहीं सुनूंगी।" तनया चकित खड़े बेटे के सामने से हट गई।

रूपम को उस दिन लैब से बाहर निकाल दिया सर ने। बाहर धूप में खड़ा कुढ़ता रहा वह, 'मम्मी ठीक कहती थीं, कल ही मंगवा लेने चाहिए थे।'

शाम को छुट्टी हुई। साइकिल-स्टैंड से साइकिल निकाली तो पाया, पंक्चर है। पैदल धकेलते हुए घर पहुंचा, कपड़े बदले, नाश्ता किया और खेलने चला गया। तनया ने प्रैक्टिकल की बात छेड़ी ही नहीं। रूपम को पंक्चर की बात बताने का ध्यान ही नहीं रहा।

दूसरे दिन जब स्कूल चलने लगा तो साइकिल देख पंक्चर याद आया। अब बनवाने का वक्त कहां था? पैदल भागा। तनया ने उसे पैदल जाते देखा तो समझ गई दाल में कुछ काला है।

निराश होकर कुरसी पर बैठ गई तनया। न, रूपम नहीं सुधरेगा!

रामजतन का भी यही सोचना था कि रूपम भैया में सुधार नहीं आने वाला।

सभी ने उसे उसके हाल पर छोड़ दिया।

आज जन्मदिन था रूपम का। बारह का पूरा हो गया था। सुबह से खूब खुश था। मम्मी से कहकर दोस्तों की फरमाइश के मुताबिक बंगाली मिठाई ले जाने वाला था स्कूल में। पापा ने पूरी क्लास के लिए एक डिब्बा टॉफी का ला दिया था।

रूपम देर से जागा था, परंतु तैयार जल्दी हो गया। यद्यपि आज भी स्कूल ड्रेस सही जगह पर न रखी होने की वजह से दस-पंद्रह मिनट ढूंढ़ने में लग गए थे। यही हाल बस्ते का था। बस्ता ढूंढ़ने पर खाट के नीचे पड़ा मिला। टाइम टेबल कहीं दिखाई ही नहीं दिया तो सोच-सोचकर बस्ता लगाया। गणित की किताब जाने कहां छिपी थी, पर अलमारी के नीचे से झांकती पकड़ी गई। रूलर नहीं मिला तो सोचा एक दिन बिना रूलर के ही सही।

नाश्ता करने बैठा तो तनया ने कहा, "साथ ले जाने वाली चीजें उस कमरे की मेज पर रखी हैं। संभालकर रख लेना।"

"अच्छा, मम्मी!" उछलकर उठा, दूसरे कमरे में गया, मेज पर से दो भारी-भरकम डिब्बे उठाए और चल दिया स्कूल।

खाने की छुट्टी तक दोस्तों को छकाता रहा। न टॉफी बांटीं, न मिठाई दी।

खाने की घंटी बजते ही सबने उसे घेर लिया। रूपम बड़े गर्व से अपनी डेस्क पर चढ़ बैठा। जन्मदिन मुबारक के शोर और तालियों की गड़गड़ाहट के बीच पहला डिब्बा खुला। लड़के टूट पड़े, परंतु पल भर में खामोशी छा गई। नहीं, ज्यादा देर के लिए नहीं। एक जोर का ठहाका लगाया सबने मिलकर। रूपम द्वारा किया गया यह 'मजाक' उन्हें बहुत पसंद आया।

प्रदीप बोला, "मजाक छोड़ो यार, दूसरा डिब्बा खोलो। आज तो हम सब टिफिन भी नहीं लाए हैं, बहुत भूख लगी है।"

पहले डिब्बे में तरह-तरह की कीलें और पेंच थे। प्लास्टिक के छोटे-छोटे लिफाफों नें रखे होने के कारण आवाज नहीं निकली थी। डिब्बा भी टॉफी के टिन का था। अब रूपम कुछ घबराया। कहीं दूसरे डिब्बे में से भी कुछ और चीज न निकल आए।

और हुआ भी यही। रूपम का चेहरा देखने लायक था। इस डिब्बे में पेंचकस, प्लास, छेनी, हथौड़ी वगैरह देखकर रूपम ने माथा ठोंक लिया। लड़के हँसते-हँसते लोटपोट होते रहे। वे भी समझ गए थे कि रूपम ही गलत डिब्बे ले आया है।

इधर रूपम दोस्तों से हटकर सिर झुकाए बैठा था। आज उसे जितना पछतावा हो रहा था, उतना पहले कभी नहीं हुआ था। क्यों ऐसी गलतियां करता है वह? मम्मी ने कहा था मेज पर डिब्बे रखे हैं। उसने कई डिब्बों में से ये दो क्यों उठाए? दूसरी छोटी मेज पर जो दो डिब्बे रखे थे शायद वही डिब्बे मिठाई के थे।

अगर लापरवाही करने की बुरी आदत न होती तो हर बार की तरह आज भी वह गलती न करता। सुबह जल्दी उठा होता, बैग ठीक से लगा लेता, कपड़े कायदे से मिल जाते तो हड़बड़ाता नहीं और सही डिब्बे लेकर स्कूल आया होता। दुख के मारे उसकी आंखें भर आईं।

सारी गलती उसी की थी। मम्मी-पापा हमेशा समझाते हैं। पर वही...आज दोस्तों के आगे सिर नीचा हो गया। प्रदीप ने तो पांचवे पीरियड में टीचर को भी बता दिया। वे भी मुस्करा दिए थे।

"छि:! अब मैं अपनी बुरी आदत को छोड़कर ही दम लूंगा।" एक निश्चय कर रूपम घर चल दिया।

घर पहुंचते ही पुकारा, "मम्मी, मम्मी!"

तनया बाहर आ गई, "आज तूने मेरा नुकसान करवा दिया। कीलों का डिब्बा उठाकर चला गया। बढ़ई से काम करवाना था, वह आकर लौट गया। इधर मिठाइयों के डिब्बे यहीं रह गए। मेरी तो तीन बजे मिठाई पर नजर पड़ी। सारे दिन कीलें और औजार ही ढूंढ़ती रही!"

"मम्मी, आज मेरी आंखें खुल गई हैं। मुझे अपनी लापरवाही की सजा मिल चुकी है...मैं कान पकड़ता हूं फिर कभी इन गलतियों को नहीं दोहराऊंगा! मुझे माफ कर दो, मम्मी!"

मुस्कराकर तनया ने रूपम की पीठ थपथपाई, पर मन ही मन उसे शक था कि रूपम भला सुधरेगा?

परंतु इस बार सचमुच रूपम दृढ़-संकल्प था। वह सुधरने की जी जान से कोशिश कर रहा था। उसमें आए सुधार को देखकर अब विश्वास नहीं होता है कि यह वही रूपम है।

सुजय बोले, "देर आए, दुरुस्त आए। शाबाश रूपम! मैं बहुत खुश हूं।" सुजय ने रूपम की पीठ थपथपाई।

शरमा कर रूपम ने सिर झुका लिया।

जीवन की मुस्कान

"कभी-कभी जीवन में कुछ ऐसा घटित हो जाता है जो हृदय-पटल पर छाप छोड़ जाता है। अनजाने में मन की तरंगें झनझना उठती हैं और मीठी धुन बजने लगती है। कुछ ऐसा ही मेरी और आभा की दोस्ती के वक्त हुआ," अलका ने अपनी सहेली प्रतिभा को यह बात बताई।

प्रतिभा ने कहा, "इन दिनों तो तुम्हारी और आभा की मित्रता मिसाल बनी हुई है। अपनी सातवीं कक्षा के सब लड़के व लड़कियां यही कहते हैं कि दोस्ती हो तो इन दोनों के जैसी। परंतु अलका, एक बात बताओ। पहले तो तुम आभा को पसंद नहीं करती थीं, फिर अचानक यह प्रेम का झरना कैसे फूटा?"

अलका ने मुस्कराकर कहा, "यही तो मैं कह रही थी कि यह सिर्फ संयोग की बात है। जब आभा हमारे स्कूल में भरती हुई थी तब मेरा सिंहासन डोल उठा। उससे पहले मैं ही अपनी कक्षा में प्रथम आती थी। आभा आलराउंडर बनकर सबके दिलों पर छा गई तो मुझमें ईर्ष्या और द्वेष का भाव जागा था। सारी अध्यापिकाएं और

लड़कियां उसका गुणगान करतीं। मैं उस पर अपने को उपेक्षित महसूस करती।"

"हां, हम सब लोग तुम्हारे इस व्यवहार को परख रहे थे। हमें ताज्जुब होता था कि अलका जैसी समझदार और अच्छे स्वभाव वाली लड़की ऐसा बरताव क्यों कर रही है। और वह भी किसी और से नहीं, आभा जैसी मधुरभाषी प्यारी-सी लड़की के साथ। आभा का भोला-भाला मुखड़ा और सरल स्वभाव सबको अपनी ओर बरबस आकर्षित कर लेता है। उसके साथ तुम्हारा उपेक्षा भरा व्यवहार हमें अच्छा नहीं लग रहा था।" प्रतिभा ने अपनी सखी को स्पष्ट बताया। फिर आगे कहा, "हम लोग आपस में कहते कि अलका को हो क्या गया है? वह ऐसी घमंडी तो कभी नहीं थी, फिर बेचारी आभा से सीधे मुंह बात क्यों नहीं करती? कुछ लड़के-लड़कियां कहते कि अब ऊंट पहाड़ के नीचे आया है। आभा ने अलका को हर क्षेत्र में पछाड़ जो दिया है!"

अलका ने अपने मन की गांठ खोली, "यही वाक्य तो मेरे मन को बेधता था। इसी कारण मैं विचलित रहती थी। फिर एक दिन मन के आकाश के सारे बादल छंट गए और हृदय-गगन स्वच्छ तथा निर्मल बन गया!"

"इस चमत्कार का कारण क्या हुआ? ऐसा क्या घटित हो गया जो हमारी अलका फिर पहले जैसी सुमधुर स्वभाव वाली बन गई! सबको स्नेह-बंधन में बांधने वाली, दूसरों के दुख को अपना जानने वाली प्यारी अलका हो गई।" प्रतिभा ने अपनी वाणी में शहद की मिठास घोली।

अलका हँसते हुए बोली, "अब ज्यादा मत बनाओ। मेरे हृदय परिवर्तन का किस्सा सुनो। हुआ ऐसा कि एक दिन मैं अपने चचेरे भाई विनय के घर जा रही थी। वह एक नाटक का निर्देशन कर रहा था और उसी सिलसिले में कुछ काम था। मैंने जल्दी में छोटा रास्ता

पकड़ा जिसके बीच में रेलवे लाइन पड़ती थी। तभी बड़े जोर का तूफान आया। आंधी इतनी तेज थी कि मैं रेल की पटरी पर गिर गई। वहां पर एक तार पड़ा हुआ था। उसमें मेरी सलवार का पायंचा फंस गया। इत्तिफाक की बात कि उसी वक्त एक मालगाड़ी तेजी से आ रही थी। उसका इंजन लगातार सीटी बजा रहा था। इधर मैं घबराहट में तार निकाल नहीं पा रही थी।"

"ओफ! बड़ी भीषण स्थिति में फंस गई थीं तुम! फिर क्या हुआ अलका? मेरे तो सुनकर ही रोंगटे खड़े हो रहे हैं," प्रतिभा ने उत्सुकता से पूछा।

"मैं बड़ी परेशान थी कि आभा भागती हुई आई और उसने मुझे बड़े जोर से अपनी तरफ खींचा। वह चिंतित स्वर में बोली, 'अरे अलका, तुमने देखा नहीं इंजन कितना पास आ गया था? अगर तुम्हें कुछ हो जाता तो? अलका, तुम्हारे पैर से खून निकल रहा है। माफ करना, मैंने तुम्हें इतने जोर से खींचा। मेरा घर पास ही है, चलो वहां पर दवाई लगवा लो। असल में तो मैंने तुम्हें दूर से ही देख लिया था और अपने घर बुलाने के लिए ही तुम्हारे पास आ रही थी।'

अलका ने आगे बताया, "मैंने आभा से रुंधे गले से कहा कि यह चोट तो बहुत मामूली है। तुमने तो मेरी जान की रक्षा की है। अगर तुम मौके पर मुझे नहीं खींचतीं तो जाने क्या हो जाता। मेरा तो रोयां-रोयां कांप रहा था। मैं तुम्हारी आभारी हूं!

"आभा ने स्नेहिल स्वर में कहा, 'सब भाग्य की बात है। अब जल्दी से मेरे घर चलो। मेरी मां दवाई लगा देंगी।' मैं आभा के आत्मीय निमंत्रण को कैसे मना करती। उसकी मां ने बड़े प्यार से मेरी चोट पर दवाई लगाई। उन लोगों ने मेरी बहुत खातिर-तवज्जोह की। आभा का छोटा भाई अमित भी बड़ा प्यारा है। मुझे वहां जाकर पता लगा कि उन लोगों की आर्थिक स्थिति अच्छी नहीं

है। आभा के पिताजी का एक दुर्घटना में देहांत हो गया था। मां मामूली-सी नौकरी करके किसी तरह घर का गुजारा चला रही हैं। अलका छात्रवृत्ति पर पढ़ती है। मां बहुत स्वाभिमानी हैं इसलिए किसी की मदद पर आश्रित नहीं रहना चाहतीं, आदि-आदि।

"प्रतिभा, वहां जाने के बाद मेरे मन में उन लोगों के लिए प्यार जागा। अपने अब तक के रूखे व्यवहार के लिए मैं स्वयं को अपराधी महसूस कर रही थी। मैंने आभा से पूछा कि आभा, कहीं तुम मुझे घमंडी तो नहीं समझती थीं? मैं चाहती हूं कि आज से हम लोग अच्छे दोस्त बन जाएं। मन ही मन मैं तुम्हें श्रद्धा की निगाह से देखती थी, परंतु दूसरे लोगों के शब्दबाण मुझे बेचैन कर देते थे।

"आभा ने मुस्कराकर कहा कि मैं तो तुम्हें अपना मित्र ही मानती रही हूं। सच तो यह है कि मुझे अपनी कक्षा में तुम सबसे अच्छी लगती हो। मैं तुम्हारे निकट आने को उत्सुक रहती थी।" अलका ने उस घटना का संपूर्ण विवरण दिया।

"तो इस प्रकार गंगा-यमुना का संगम हुआ, जो हमारी कक्षा में आदर्श उपस्थित कर रहा है!" प्रतिभा ने चुटकी ली।

"तुम इस संगम को पूरा कर दो और सरस्वती बन जाओ! ठीक है न, प्रतिभा?"

इस प्रकार अलका, आभा और प्रतिभा की दोस्ती मधुर पेंगें ले रही थी, जो ताजी हवा के झोंके की तरह खुशनुमा थी। एक दिन अलका ने बुद्ध-जयंती पार्क में पिकनिक का प्रोग्राम बनाया। सातवीं और आठवीं कक्षा के कुछ लड़के-लड़कियों ने मिलकर तय किया कि आपस में कुछ रुपए एकत्रित करके शानदार पिकनिक मनाई जाए।

आभा ने मना किया, "भई, मुझे तो क्षमा करो! मेरा इस पिकनिक में जाने का मूड नहीं है।"

लेकिन अलका ने अनुरोध किया, "आभा, तुम्हारे प्रथम आने की

खुशी में हम लोग पिकनिक मना रहे हैं। तुम्हें तो चलना ही पड़ेगा। अपने भैया अमित को भी साथ ले आना।"

इस प्यार भरे निमंत्रण को आभा मना नहीं कर सकी। अगले इतवार को सब लोग पिकनिक करने गए। वहां जाकर सभी बेहद प्रसन्न थे। चारों ओर फूलों की छटा बिखरी हुई थी। प्राकृतिक वातावरण अनूठा लग रहा था। मखमली घास, पानी की झील, रंग-बिरंगे पेड़-पौधे, ऊंची-नीची पथरीली जमीन, बड़े मोहक लग रहे थे।

अलका और आभा ने गजलें गाईं। विनय ने गिटार बजाया। प्रतिभा और उसका भाई प्रतीक कैसेट बजाकर विदेशी धुन पर नाचे। सभी के पैर थिरक रहे थे, मन गुनगुना रहे थे। खाने-पीने का सामान आकर्षण का केंद्र बना हुआ था।

अचानक बड़ी जोर की काली घटा छा गई। बारिश का मौसम नहीं था। वसंत का सलोना मौसम था, फिर भी मूसलाधार वर्षा शुरू हो गई। जब पानी का जोर कम हुआ तो घर जाने के लिए ऑटो-रिक्शा, टैक्सी की तलाश हुई। उस दिन कोई हड़ताल थी इसलिए परेशानी हो रही थी। बड़ी कठिनाई से दो ऑटो-रिक्शा में सब लड़के-लड़कियां बैठे।

सड़क ऊबड़-खाबड़ थी। एक जगह ऑटो-रिक्शा उछला और इत्तिफाक से आभा धक्के से सड़क पर गिर गई। उसी समय एक ट्रक तेजी से आया और आभा का पैर कुचलता हुआ चला गया। तकदीर अच्छी थी कि एक सज्जन अपनी कार में उधर से गुजर रहे थे। उन्होंने आभा को अस्पताल पहुंचाया।

क्षण भर में ही पिकनिक का आनंद दुख में बदल गया। आभा की चोट के कारण सभी के मन व्याकुल थे, परंतु होनी को कौन टाल सकता है। सबसे ज्यादा दुखी और चिंतित अलका थी।

वह अपनी मां से रुआंसी होकर बोली, "मां, आभा को कई दिन

अस्पताल में रहना पड़ेगा। इतना खर्च आभा की मां कैसे बरदाश्त कर पाएंगी। पहले ही आर्थिक दशा अच्छी नहीं है। पर हम मदद कैसे करें? वे लोग इतने स्वाभिमानी हैं कि हमारी सहायता कभी स्वीकार नहीं करेंगे। काश, कोई उपाय निकल आए!"

अलका की मां ने सहानुभूतिपूर्ण स्वर में कहा, "अगर वे मान जाएं तो हम हर तरीके से मदद कर सकते हैं। परंतु तुम कहती हो आभा की मां ने अपने पति की मृत्यु होने के बाद, असहाय अवस्था में भी दूसरों की मदद लेने से इनकार कर दिया था। ईश्वर जरूर कोई रास्ता निकालेगा।"

और सचमुच ईश्वर ने अलका को अनायास ही एक विचार सुझा दिया। उसे अपने स्कूल के वार्षिक मेले की याद आई। उसने सोचा कि इसी तरह का एक मेला लगाएं और उसमें अपने सब साथियों की हाथ की बनाई वस्तुएं बिक्री के लिए रखें। उस आमदनी को उपहार के रूप में आभा को भेंट करें।

अलका तुरंत प्रतिभा के पास गई और यह सुझाव रखा। प्रतिभा ने खुशी से समर्थन किया। फिर अलका ने अपनी कक्षा के लड़के-लड़कियों से कहा, "यदि आप लोग एक अच्छे कार्य के लिए मदद करना चाहें तो हमारे साथ एक मेले के आयोजन में सहयोग दें। आभा हम सब की प्यारी सहेली है। मुझे आशा है कि हम सब अपनी प्रतिभा का सदुपयोग करके इतना रुपया तो इकट्ठा कर ही सकेंगे जो नर्सिंग होम में आभा के अच्छे से अच्छे इलाज के लिए काफी हो।"

प्रतिभा ने कहा, "हम सभी किसी न किसी काम में निपुण हैं। जो चित्रकार है, वह चित्र रखे। जो गुड़िया बनाने में माहिर है, वह गुड़िया बनाकर दे। कोई कागज के तथा आरगंडी के फूल बनाने में माहिर है, तो कोई अन्य हस्तकला में। कोई पाक-विद्या, तो कोई फूल-सज्जा में होशियार है। मतलब यह है कि अपनी-अपनी बनाई

हुई चीजें हम मेले में रखेंगे। एक नाटक का भी प्रदर्शन करेंगे। यह हमारे लिए चुनौती होगी और साथ में एक दिलचस्प बात। तैयार हैं आप सब?"

सभी ने एकजुट होकर हामी भरी, "आभा हम सबको अच्छी लगती है। हम भी अपनी छोटी-सी सेवा उसके लिए करेंगे। हम सब सहर्ष इस मेले को सफल बनाएंगे।"

वह मेला सचमुच बहुत अनूठा रहा। प्रत्येक छात्र-छात्रा का उत्साह देखने योग्य था। दर्शकों ने बड़ी संख्या में भाग लिया। एक बोर्ड भी लगा था कि 'इससे होने वाली आय एक पावन कार्य में काम आएगी।' विनय और प्रतीक ने हास्य-रस का नाटक प्रदर्शित किया। लोगों ने बहुत सराहा।

जब मेले की आमदनी को गिना तो अलका प्रफुल्लता से फूली नहीं समाई। सबने मिलकर फूलों का एक मोहक गुलदस्ता खरीदा। एक पत्र भी लिखा जिसमें सबके दस्तखत थे। पत्र में लिखा था—

प्रिय आभा को उससे स्नेह करने वालों की ओर से सप्रेम भेंट। ईश्वर उसे शीघ्र स्वस्थ करें!

शुभाकांक्षी
सहपाठी छात्र-छात्राएं

अलका की मां ने अस्पताल जाकर आभा की मां से कहा, "बहन जी, इन बच्चों ने अत्यंत प्रेम के वशीभूत होकर आभा को यह उपहार दिया है। यह इन लोगों के उत्साह और लगन का परिणाम है। आप इसे लेने से इनकार मत करिएगा।"

आभा की मां ने सजल नयनों से उसे स्वीकार किया। आभा की आंखों में एक चमक थी। उसे अपने प्रिय सहपाठियों की भावना ने उद्वेलित कर दिया था। सभी के मुख पर अनोखी मुस्कान थी।

शक

आज बबलू की खुशी का ठिकाना न था। मम्मी और पापा के साथ वह वाराणसी की यात्रा पर जा रहा था। दीपावली की छुट्टी वहीं बिताकर वापस लौटेगा। दोस्तों से वह कई दिनों से पूछताछ करता रहा था कि वाराणसी में घूमने-फिरने और देखने लायक कौन-से प्रसिद्ध स्थल हैं। गंगा और उसके घाट, विश्वनाथ मंदिर, मैदागिन, लहुरावीर, काशी हिंदू विश्वविद्यालय आदि न जाने किन-किन स्थानों की चर्चाएं होती रही थीं। बबलू ने यह तय कर रखा था कि वहां से लौटकर वह काशी-यात्रा पर एक संस्मरण जरूर लिखेगा।

अभी वे लोग यात्रा की तैयारी कर ही रहे थे कि पापा के एक दोस्त रांची से आ धमके और समय न होने पर भी पापा को थोड़ी देर उनके साथ औपचारिक रूप से बैठना ही पड़ा। बातों ही बातों में काफी देर हो गई थी और स्टेशन पर पहुंचते ही ट्रेन के आने का वक्त हो चला था। फिर तो कुली को साथ लेकर वे लोग सीधे प्लेटफॉर्म की ओर ही बढ़ गए थे।

तभी ट्रेन आकर रुकी। प्लेटफार्म पर लोग खचाखच भरे हुए थे। किसी प्रकार एक डिब्बे में कुली ने उन्हें जगह दिलवाई। फिर उसने उनके सामान को ऊपर की बर्थ पर चढ़ाकर व्यवस्थित कर दिया। पापा उस किशोर कुली को बस देखते ही रह गए। कैसी फुरती से उसने उन्हें प्लेटफार्म पर पहुंचा दिया था और चलती ट्रेन में ही भीतर घुसकर जगह भी बना दी थी। मगर दूसरे ही क्षण उस किशोर को कुली का काम करते हुए देखकर पापा का भावुक हृदय करुणा से भर गया। मजबूरी जो न करा ले आदमी से!

एकाएक पापा को इस बात का खयाल आया कि टिकट लेना तो वे भूल ही गए। अब क्या हो? पापा ने चिंतित होकर मम्मी को यह बात बताई। मम्मी को भी कोई उपाय नहीं सूझ रहा था।

तभी उस किशोर कुली ने कहा, "घबराने की कोई जरूरत नहीं, साहब! मैं अभी गया और कुछ ही देर में टिकट लेकर आपके सामने हाजिर हुआ!"

पापा ने फटाफट उसे एक सौ का नोट थमाया और वह हरिण-सा कुलांचे भरता हुआ टिकट की खिड़की की ओर बढ़ गया। पापा ने तनिक राहत की सांस ली।

बबलू ने अचरज से पापा की ओर देखते हुए पूछा, "पापा, क्या आप उस कुली को पहचानते हैं?"

"नहीं तो! मगर बात क्या है?" पापा ने सवाल किया।

"आपने उसे सौ रुपए का नोट दे दिया, जबकि आप उसे जानते तक नहीं?"

"बबलू ठीक कह रहा है," मम्मी ने नाराजगी जाहिर करते हुए कहा, "ऐसे लड़के चोर-उचक्के होते हैं। पहले विश्वास जीतते हैं, फिर हाथ साफ करते हैं। मगर आप तो बगैर सोचे-समझे किसी भी ऐरे-गैरे, नत्थू-खैरे पर विश्वास कर लेते हैं।"

"हां, मम्मी!" बबलू ने कहा, "एक हफ्ते पहले ही मैंने देखा था

कि एक उचक्का कुली एक बुढ़िया का सामान लेकर नौ दो ग्यारह हो गया था। बेचारी बुढ़िया बस रोती-बिलखती रह गई थी।"

"तो क्या तुमने उस बुढ़िया की मदद की थी?" पापा ने प्रश्न किया।

"मैं? मुझे तो स्कूल जाने की जल्दी थी। फिर मैं भला कर भी क्या सकता था?" बबलू ने उत्तर दिया।

अभी उन तीनों में तर्क-वितर्क चल ही रहा था कि एक सहयात्री ने कहा, "ये लोग ठीक ही कह रहे हैं, भाई साहब! वह लड़का तो अब आने से रहा। सौ रुपए आपने जान-बूझकर पानी में बहा दिए। इस स्टेशन पर ऐसे उचक्के भरे पड़े हैं। अब आप गार्ड से कहकर टिकट बनवाने की व्यवस्था कीजिए।"

तभी ट्रेन की सीटी गूंजी। पापा ने खिड़की से झांककर पीछे की ओर देखा। गार्ड हरी झंडी दिखा रहा था। अब ट्रेन छूटने ही वाली थी। पापा का विश्वास भी डिगने लगा। अब कैसे टिकट की व्यवस्था हो पाएगी? उन्होंने एक लंबी सांस भरी। जो भी होगा, देखा जाएगा।

ट्रेन ने दूसरी सीटी दी और आहिस्ता-आहिस्ता आगे सरकने लगी। तभी वह लड़का एकाएक सबके अविश्वास की धज्जियां उड़ाता-सा हांफता हुआ प्रकट हुआ और दौड़कर तीन टिकट तथा बाकी के पैसे पापा को थमा दिए। पापा ने जब उसे भाड़े के अलावा पांच रुपए और देने चाहे तो उसने एक पैसा भी अधिक लेने से साफ इनकार कर दिया। ट्रेन की गति काफी तेज हो चुकी थी और हड़बड़ी में पापा उसे धन्यवाद देना भी भूल गए थे।

रुपए अपनी जेब में रखते हुए पापा ने गर्व से मम्मी और बबलू की ओर देखा।

अचानक बबलू के दिमाग में एक आशंका कौंधी और उसने कहा, "पापा, जरा टिकट देखें।"

पापा के हाथ से टिकट लेते ही उसने गौर से कुछ देखा, फिर कहा, "पापा, इन पर तारीख तो है ही नहीं। कहीं ऐसा तो नहीं कि ये टिकट किसी दूसरे दिन के हों?"

"नहीं बेटे, कभी-कभी टिकट पर मशीन से तारीख स्पष्ट नहीं उभरती।" पापा ने समझाया।

"मगर भाई साहब", उसी सहयात्री ने फिर फरमाया, "यहां जाली टिकटों की बिक्री खूब धड़ल्ले से होती है। जरूर उस छोकरे ने धोखा-धड़ी की होगी और 'बैक डेट' के टिकट दे दिए होंगे। इन लोगों का कोई भरोसा नहीं साहब!"

"तभी तो मैं सोच रही थी कि वह आ कैसे गया? और आया भी तो आपकी बख्शीश क्यों नहीं ली? उसने तो टिकट में ही पचहत्तर-अस्सी रुपए मार लिए होंगे, फिर अलग से क्या लेता?" मम्मी ने तुनककर कहा।

अगले स्टेशन पर जब एक काला कोटधारी टिकट चेकर कंपार्टमेंट में घुसा, तो पापा के हृदय की धड़कन एकाएक तेज हो गई। टिकट जाली साबित होने पर पता नहीं क्या हो? कहीं ऐसा न हो टिकट चेकर जुर्माना लेने से इनकार कर दे और चार सौ बीसी के लिए उन्हें जेल की हवा खिला दे। पापा, मम्मी और बबलू को जुर्माने की रकम और जेल—दोनों एक साथ नजर आने लगे। नाते-रिश्तेदार, मित्र-शुभचिंतक, जो भी सुनेगा, उनकी बात पर अविश्वास करते हुए सोचेगा कि शायद वह सपरिवार बिना टिकट ही चल रहे हों। कैसा अविश्वास का युग आ गया है।

तभी टिकट-चेकर ने सन्नाटा तोड़ा, "भाई साहब, टिकट?"

पापा ने कांपते हाथों से बबलू से टिकट लेकर टिकट-चेकर को थमा दिए। उसने तीनों टिकटों को गौर से देखा, फिर पेन से तीनों पर सही का निशान लगाकर उन्हें पापा को वापस लौटा दिया।

पापा का चेहरा विजय और गर्व से खिल उठा। उन्होंने मम्मी

और बबलू की ओर देखा। उन दोनों के चेहरे पर पश्चात्ताप की रेखाएं स्पष्ट झलक रही थीं।

"पापा, उस भले कुली पर हमने नाहक शक किया," बबलू ने रुआंसा होकर कहा।

"तुमने उस दिन सब्जी मंडी में भी एक गरीब सब्जी वाले पर शक किया था न?" पापा ने सवाल किया।

बबलू को याद आया। उसने सब्जी बेचने वाले पर आरोप लगाया था कि उसने डंडी मारकर कम तौल की सब्जी दी थी। मगर सब्जी वाले ने बाट उतारकर डंडी दिखा दी थी। दोनों ही पलड़े संतुलित थे। बबलू ने जब खुद हाथ में तराजू लेकर तौली हुई सब्जी दोबारा तौली तो पाया कि सब्जी तो वजन से भी कुछ ज्यादा ही थी। पापा ने जब मुस्कराकर उस वक्त बबलू की ओर देखा था तो सब्जी वाले ने कहा था, "बाबूजी, गरीब को लोग हरदम अविश्वास की नजर से ही देखते हैं।"

"हां, पापा!" बबलू ने उत्तर दिया, "उस रोज सब्जी वाले ने बहुत ही अच्छी बात कही थी। हमें गरीबों पर अविश्वास करने का कोई हक नहीं।"

पापा ने मुस्कान बिखेरते हुए कहा, "इस दुनिया में अच्छे-बुरे लोग हर जगह हैं, बेटे! मगर कहा गया है—विश्वासं फलदायकम्। जब तक कोई जायज कारण न हो, कोई ठोस सबूत न हो, किसी के भी प्रति गलत धारणा बना लेना उचित नहीं है।"

तूफान आने वाला है

"ज्ञानू, मैं जाल लेकर चलता हूं, तुम भी खाना खाकर जल्दी आ जाओ। जितनी जल्दी निकल चलेंगे उतना ही अच्छा होगा।" इतना कहकर ज्ञानू के पिता विट्ठल घर से बाहर निकल गए।

दुर्गा खाना खाते-खाते रुक गई। "भैया, क्या तुम लोग आज मछली पकड़ने जा रहे हो?" उसने ज्ञानू से पूछा।

"हां," ज्ञानू ने हाथ धोते हुए बताया, "विनायक चाचा सुबह मछली पकड़ने समुद्र में गए थे। वही खबर लाए हैं कि यहां से पश्चिम दिशा में थोड़ी दूर जाकर एक जगह बहुत सारी मछलियां आ गई हैं। बस्ती के सब लोग वहीं जा रहे हैं।" इतना कहकर वह बाहर जाने लगा।

"भैया! क्या अभी जा रहे हैं सब लोग?" दुर्गा ने पीछे से चिल्लाकर पूछा।

"हां, जल्दी से जल्दी चल देना पड़ेगा। पता नहीं मछलियां वहां कब तक रहें। हो सकता है सुबह होते-होते वे कहीं और चली जाएं," जाते-जाते ज्ञानू ने जवाब दिया।

दुर्गा ने झटपट खाना खत्म किया और ज्ञानू के पीछे भागी। मां ने उसे यूं भागते देखा तो पीछे से आवाज दी, "अरे दुर्गा, कहां भागी जा रही है? इतना काम पड़ा है।"

"देर नहीं करूंगी मां।" दुर्गा ने भागते-भागते उत्तर दिया, पर रुकी नहीं।

दुर्गा भागती-भागती सीधे समुद्र तट पर पहुंची जहां उसके बापू और भाई दूसरे मछुआरों के साथ मछली पकड़ने जाने की तैयारी में लगे थे।

"बापू, तुमने मुझे क्यों नहीं बताया कि तुम आज मछली पकड़ने जा रहे हो?" दुर्गा ने शिकायत की।

"चल अब तो जान गई न," विट्ठल हँसकर बोला और जाल ठीक करने लगा।

अपने बापू और भाई के साथ दुर्गा भी कभी-कभी मछली पकड़ने जाती थी। विट्ठल ने उसे भी नाव चलाना सिखा दिया था। लेकिन दुर्गा दूर समुद्र में मछली पकड़ने कभी नहीं गई थी। उसकी बड़ी इच्छा थी कि वह जाए। उसके बापू कहते तो थे कि ले जाएंगे, लेकिन कभी ले नहीं गए।

थोड़ी देर में बस्ती के सारे लोग समुद्र तट पर जमा हो गए। औरतों ने नारियल फोड़े और मछुआरे अपनी नावें लेकर समुद्र में बढ़ गए। नावें धीरे-धीरे सागर में आगे बढ़ने लगीं। किनारे पर अब केवल औरतें और बच्चे रह गए थे। उनकी दृष्टि जाती हुई नावों पर लगी थी और होंठों पर प्रार्थना थी, "हे भगवान, ये लोग सकुशल लौट आएं।"

जब नावें आंखों से ओझल हो गईं तो औरतें और बच्चे अपनी-अपनी झोंपड़ियों की तरफ चल दिए। लेकिन दुर्गा वहीं खड़ी रही। दूर धब्बों-सी नजर आती नावों को देखती रही।

"अरे अब यहीं खड़ी रहेगी या घर भी चलेगी?" दुर्गा को मां की

खीज भरी आवाज सुनाई दी। उसने मुड़कर देखा, सब लोग जा चुके थे। केवल उसकी मां प्रतीक्षा में खड़ी थी।

"जी छोटा न कर। जब मैं मछली बेचने शहर जाऊंगी तो तू भी मेरे साथ चलना। वहां तुझे सिनेमा भी दिखाऊंगी।" मां ने उसे उदास देखा तो बोली।

लेकिन न शहर का प्रलोभन और न ही सिनेमा का लालच दुर्गा की निराशा दूर कर सका। वह भारी मन से मां के पीछे चल दी।

घर पहुंचकर भी दुर्गा का मन नहीं लगा। वह बैठकर सीपियों के ढेर से बड़ी और छोटी सीपियां छांटने लगी। थोड़ी देर बाद मां ने कहा, "दुर्गा, मैं जरा लच्छी मौसी के घर जा रही हूं, थोड़ी देर में आ जाऊंगी। तब तक तू रेडियो क्यों नहीं बजाती? तेरा मन लगेगा!" कहकर मां बाहर चली गई।

दुर्गा ने लकड़ी के आले पर रखे छोटे से रेडियो को देखा। यह बैटरी से चलने वाला रेडियो उसके चाचा जब पिछली बार आए थे तो उसके लिए लाए थे। दुर्गा ने रेडियो का स्विच दबा दिया। रेडियो पर सिनेमा के गीतों का कार्यक्रम आ रहा था। दुर्गा खाट पर पेट के बल लेट गई। पर उसका मन गीतों में नहीं लग रहा था। वह तो दूर समुद्र में था।

अचानक रेडियो पर बज रहा गीत रुक गया और आवाज आई, "एक जरूरी सूचना सुनिए। मार गांव और उसके आसपास रहने वाले मछुआरों को चेतावनी दी जाती है कि वे आज मछलियां पकड़ने समुद्र में न जाएं। एक बहुत बड़ा तूफान अचानक अपनी दिशा बदलकर इसी तरफ बढ़ा आ रहा है। मछुआरों को चेतावनी दी जाती है कि वे फौरन तट पर लौट आएं। सूचना एक बार फिर सुनिए। चेतावनी..."

दुर्गा एकदम से उठकर बैठ गई। 'मार गांव और उसके आसपास... यह तो हमारे इलाके के बारे में ही सूचना है। इसका मतलब तूफान

इधर ही आ रहा है। लेकिन बापू और सारे लोग तो जा चुके हैं... हे भगवान! अब क्या होगा? दुर्गा का चेहरा घबराहट से पीला पड़ गया। बापू को जल्दी से जल्दी खबर पहुंचनी चाहिए। पर कैसे? कौन लेकर जाएगा खबर? बस्ती में तो केवल औरतें हैं या बच्चे।' दुर्गा चहल-कदमी करती जा रही थी और सोचती जा रही थी, 'कौन जा सकता है? हां...करीम चाचा!' अचानक दुर्गा को याद आया कि करीम चाचा नहीं गए हैं मछली पकड़ने। वह जरूर कोई न कोई उपाय करेंगे। दुर्गा ने झपटकर दरवाजा खोला और करीम चाचा के घर की तरफ दौड़ पड़ी। करीम चाचा उसके बापू के पक्के दोस्त थे और उनकी लड़की सकीना दुर्गा की।

हांफते-हांफते दुर्गा ने करीम चाचा के घर का दरवाजा खटखटाया। सकीना ने दरवाजा खोला और दुर्गा को देखकर बोली, "क्या बात है दुर्गा? तुम इतना हांफ क्यों रही हो? क्या भागती-भागती आई हो?"

दुर्गा ने सकीना की बात अनसुनी कर उतावली से पूछा, "करीम चाचा कहां हैं?"

"अब्बू और अम्मी तो कासिम को डाक्टर को दिखाने शहर गए हैं। शाम तक आएंगे। लेकिन तुम्हें अब्बू से क्या काम आ पड़ा?" सकीना ने अचरज से पूछा।

"ओह! अब मैं क्या करूं?" दुर्गा के मुंह से निकला और वह धम्म से पास पड़ी चौकी पर बैठ गई।

"ऐसा क्या हो गया है जो तुम इतनी परेशान हो? बोलो न?" सकीना ने अपनी सखी को झकझोरते हुए पूछा।

"बापू और बस्ती के दूसरे लोग मछली पकड़ने समुद्र में गए हैं और वहां तूफान आने वाला है। बस्ती में या तो औरतें हैं या बच्चे।" दुर्गा ने जल्दी-जल्दी सारी बात सकीना को बताई।

अब सकीना भी घबरा गई। "फिर अब? मुझे तो कुछ नहीं सूझ

रहा है। अब्बू को आ जाने दो, वही कुछ करेंगे।" वह बोली।

"करीम चाचा पता नहीं कब तक आएं। तब तक तो बहुत देर हो जाएगी। मुझे ही कुछ करना होगा," दुर्गा सोचते हुए बोली। अचानक वह बाहर जाने लगी।

"कहां जा रही हो?" सकीना ने पूछा।

"बापू को सावधान करने," कहते हुए दुर्गा बाहर निकल गई।

दुर्गा दौड़ते-दौड़ते वहां पहुंची जहां एक बड़ी-सी चट्टान के नीचे एक छोटी-सी नाव उलटी हुई रखी थी। यह नाव उसके बापू ज्ञानू और दुर्गा के लिए लाए थे। कभी जब उन्हें आस-पास ही जाना होता था तो वे भी यही नाव ले जाते थे।

दुर्गा ने जल्दी से नाव सीधी की। फिर चट्टान के पीछे से दो चप्पू निकाले। अब दुर्गा नाव को पानी तक खींच लाई और उसे पानी में ढकेल दिया। फिर खुद भी नाव में बैठ गई। नाव डगमग-डगमग कर रही थी। दुर्गा ने नाव को स्थिर किया और चप्पू थामकर नाव खेने लगी। नाव धीरे-धीरे सागर में बढ़ चली।

सामने अथाह नीला सागर फैला था जिसका कोई छोर नहीं था। दुर्गा को यह भी नहीं पता था कि उसे कितनी दूर जाना था। उसे बस इतना पता था कि पश्चिम दिशा में थोड़ी दूर जाना है जहां बहुत-सी मछलियां हैं। दुर्गा इसी के सहारे अकेले अपने बापू को तूफान की खबर देने चल दी थी।

शाम होने लगी थी। सूरज के डूबते ही अंधेरा हो जाएगा। तब इस अथाह सागर में उसकी छोटी-सी नाव होगी। अंधेरा होगा और होंगी समुद्र की ऊंची-ऊंची लहरें! वह अपने बापू के पास पहुंच जाना चाहती थी। उसने हिम्मत जुटाकर और तेज-तेज चप्पू चलाने शुरू कर दिए।

दुर्गा को नाव चलाते-चलाते काफी देर हो गई थी। लेकिन उसे यह नहीं मालूम था कि अभी उसकी मंजिल कितनी दूर थी। वह तो

बस पूरी ताकत से नाव खेये जा रही थी। रात अब पूरी तरह से उतर आई थी। आसमान में बादल छाए थे। चारों ओर अंधेरा था। कभी-कभी जब चांद बादलों से बाहर आ जाता था तो थोड़ी देर के लिए उजाला हो जाता था। वरना चारों ओर घुप अंधेरा था। उठती-गिरती लहरों के बीच दुर्गा की नाव आगे बढ़ती जा रही थी। कोई बड़ी लहर आती तो नाव एकदम ऊपर उठ जाती और फिर लहर के जाते ही एकदम नीचे आ जाती। लगता कि नाव अब डूबी तब डूबी।

नाव ऐसे ही लहरों में थपेड़े खाती आगे बढ़ती जा रही थी। अचानक चांद बादलों से निकल आया और थोड़ी देर के लिए अंधेरा मिट गया। लेकिन उस उजाले में जो कुछ दुर्गा ने देखा उससे उसका कलेजा मुंह को आ गया। सामने से एक बहुत ऊंची लहर चली आ रही थी। जैसे कोई बहुत बड़ा राक्षस मुंह खोले चला आ रहा हो। दुर्गा जब तक कुछ समझे लहर उसके ऊपर थी। दुर्गा ने चप्पू छोड़कर दोनों हाथों से कसकर नाव पकड़ ली। लहर के धक्के से नाव उलटी हो गई। दुर्गा हाथों से नाव पकड़े रही। तभी एक दूसरी बड़ी लहर आई और नाव सीधी हो गई। फिर सब कुछ शांत हो गया।

डर और घबराहट से दुर्गा कांप रही थी। जब नाव थोड़ी स्थिर हुई तो दुर्गा ने आंखें खोलीं। नाव को पकड़े-पकड़े उसके हाथ सुन्न हो गए थे। पहले उसने अपने हाथ रगड़कर गरमी लाने की कोशिश की, फिर चप्पू थामने के लिए हाथ बढ़ाए। "अरे!" दुर्गा के मुंह से निकला, "दूसरा चप्पू कहां गया?" एक चप्पू कड़े में फंसा था लेकिन दूसरे चप्पू का क़हीं पता नहीं था। 'जरूर उस बड़ी लहर के साथ बह गया होगा,' दुर्गा ने सोचा।

दुर्गा ने चारों ओर नजर घुमाकर देखा। कहीं कुछ नहीं था। बस निर्जन सागर और पानी ही पानी। वह थककर चूर हो गई थी।

उसके कपड़े पानी से तरबतर थे और अब उसके पास चप्पू भी एक ही बचा था। उसकी हिम्मत टूटने लगी थी। कहां है वह? कहां हैं उसके बापू? अब तो उसे संदेह होने लगा था कि वह बापू के पास पहुंच भी पाएगी या इसी अथाह सागर में उसकी जलसमाधि हो जाएगी। वह अपना सिर पकड़कर बैठ गई और तभी उसे याद आई तूफान की चेतावनी। याद आए उसे बापू, ज्ञानू और सारे मछुआरे। नहीं, उसे हिम्मत नहीं हारनी है! उसे पहुंचना ही है उनके पास। उसने दृढ़ता से बची हुई पतवार पकड़ ली और नाव खेनी शुरू की।

चांद फिर बादलों में छिप गया था और अंधेरा छा गया था। तभी दुर्गा को सामने थोड़ी दूर पर कुछ रोशनी टिमटिमाती हुई दिखाई दी। अरे! ये क्या हैं? जैसे जुगनू चमक रहे हों। बीच समुद्र में जुगनू? लेकिन फिर ये क्या हो सकते हैं? दुर्गा को थोड़ा भय लगा, फिर भी वह नाव रोशनी की तरफ ही ले चली। कुछ भी हो, चलकर देखना चाहिए। उसकी टकटकी उन टिमटिमाती रोशनियों की तरफ ही लगी थी और अचानक दुर्गा समझ गई कि वह क्या था। जरूर यह बापू और दूसरे लोगों की नावों पर जल रही लालटेनों की रोशनी है। वह बापू के पास पहुंच गई है। वह जैसे खुशी से पागल हुई जा रही थी। वह जोर से चिल्लाई, “बापू!” लेकिन कुछ नहीं हुआ। दुर्गा ने हिम्मत नहीं हारी। वह तेजी से पतवार चलाने लगी। बीच में “बापू-बापू” भी चिल्लाती जाती थी। उसे पूरा विश्वास था कि वह अपने बापू के पास पहुंच गई है।

एक टिमटिमाती रोशनी उसे अपनी तरफ आती दिखी। दुर्गा भी तेजी से नाव खेने लगी। अचानक उसे सुनाई दिया, “कौन है भाई?”

बापू! यह तो बापू की आवाज है! दुर्गा पूरी ताकत से चिल्लाई, “बापू, मैं हूं दुर्गा!”

थोड़ी देर में दोनों नावें अगल-बगल थीं। दूसरी नाव में विट्ठल और ज्ञानू थे। विट्ठल ने पतवार अड़ाकर दुर्गा की नाव रोक ली।

दुर्गा दूसरी नाव में कूद गई और अपने बापू से लिपट गई।

विट्ठल और ज्ञानू दुर्गा को ऐसे देख रहे थे जैसे भूत देख रहे हों। उन्हें विश्वास ही नहीं हो रहा था कि बीच समुंदर में दुर्गा कहां से आ गई।

"बापू, जल्दी से तुम सब वापस चलो। तूफान आने वाला है," दुर्गा घबराए हुए स्वर में बोली।

"तूफान?" दोनों को लगा कि दुर्गा पागल तो नहीं हो गई है।

"हां-हां, तूफान! मैंने रेडियो पर चेतावनी सुनी थी।"

"और तू हमें बताने के लिए इस रात के अंधेरे में अपनी छोटी-सी नाव लेकर अकेली ही आ गई!" सारी बात सुनकर विट्ठल के मुंह से निकला।

"अगर मैं नहीं आती तो तुम लोग तूफान में फंस जाते।" दुर्गा ने सरल भाव से उत्तर दिया।

"वाह! तूने तो कमाल कर दिया! मैं तुझे साथ लेकर इसलिए नहीं आया कि तू लड़की है, तुझसे यह सब नहीं हो पाएगा और तू अकेली ही अपनी छोटी-सी नाव लेकर यहां तक आ गई।" विट्ठल ने दुर्गा को गले लगाते हुए कहा।

मछुआरों ने जाल समेटे और जल्दी से तट की तरफ चल दिए। जब वे तट पर पहुंचे तो वहां सारी बस्ती जमा थी। सकीना ने सबको खबर दे दी थी। सब लोग आश्चर्य और प्रशंसा से दुर्गा की ओर देख रहे थे। दुर्गा समुद्र की तरफ देख रही थी। अब लहरें ऊंची-ऊंची उठती जा रही थीं और तूफान आने ही वाला था।

तुम्हारा गिरिराज

कहानी अनन्या की है। अनन्या केंद्रीय विद्यालय की कक्षा चार में पढ़ती है। कक्षा चार तो मैंने कहा। अनन्या से पूछो तो कहती, "फोर्थ 'ए'।" अनन्या को लगता है और अनन्या की सहेलियों अवनिका और शैली को भी लगता है कि 'ए' सेक्शन में सबसे होशियार बच्चे हैं। तभी तो जब सुबह प्रार्थना सभा के लिए बच्चे कक्षा से पंक्ति बनाकर निकलते हैं तो हमेशा गाते हैं–

ए – अड़ा
बी – बड़ा
सी – सड़ा
डी – डरा

'सी' सेक्शन के बच्चों के पास इसका जवाब यों होता है–

ए – अंदर
बी – बंदर
सी – सिकंदर
डी – डंगर

जैसा कि सब बच्चों का ख्याल है तथा अनन्या भी सोचती है कि 'ए' सेक्शन में सब एकदम 'ए' क्लास बच्चे हैं। हर बात में होशियार! पढ़ने में, खेलने में, सांस्कृतिक कार्यक्रमों में सबसे होशियार! क्लास की तीन सबसे होशियार लड़कियां हैं—अनन्या, शैली और अवनिका! इधर अध्यापिका ने सवाल पूछा, उधर जवाब हाजिर! श्यामपट पर लिखा कापियों में फटाफट उतर जाता है।

मैडम पूछती हैं, "लिख लिया?"

"हां जी!"

बेचारे और बच्चे लिख भी नहीं पाते कि अनन्या, अवनिका, शैली शोर मचाने लगती हैं, "मिटा दीजिए मैडम, लिख लिया!"

तीनों मैडम की लाड़ली ठहरीं, इसलिए मैडम बात केवल उनकी ही सुनती हैं। झट से श्यामपट पर से मिटाकर आगे कुछ लिखना शुरू कर देती हैं। काम रह जाता है गिरिराज, अतुल और ऐसे ही कुछ बच्चों का।

सबके सब फिसड्डी! मैडम के संग लिख ही नहीं पाते। बाद में फिरते हैं कॉपी मांगते। अनन्या और उसकी सहेलियां कॉपी देने के मामले में बहुत इतराती हैं।

"तब क्यों नहीं लिखते?"

"रोज-रोज कॉपी मांगते हो!"

अब मतलब पड़ा है तो सुनना ही पड़ेगा। किसी दिन काम अनन्या को पड़े तो गिरिराज बताए। इतने नखरे दिखाए, इतने नखरे दिखाए कि मैडम की इन चमचियों को पता चल जाए। कक्षा में जब गिरिराज को उत्तर नहीं आता तो कैसे मुंह पर हाथ रखकर हँसती हैं। एक बार गिरिराज की ओर देखती हैं, एक बार मैडम की ओर। मैडम जरा घुड़क दें तो तीनों की सिट्टी-पिट्टी गुम हो जाए। पर नहीं, वह तो खुद होठों में हँसी दबाती हैं। इसी मारे इन तीनों की हिम्मत बढ़ती जाती है।

अभी उस दिन की बात है। प्रार्थना सभा में जाने के लिए कक्षा की पंक्ति बन ही रही थी। अब पंक्ति बनाने का काम भी मैडम ने मॉनीटरों को दे रखा है। एक तो होशियार, ऊपर से कक्षा की मॉनीटर। दिमाग एकदम सातवें आसमान पर रहता है अनन्या, अवनिका और शैली का।

अनन्या ने गिरिराज को बांह पकड़कर ठेला। "और कुछ नहीं आता तो लाइन में खड़े होना तो सीख लो।"

अवनिका बोली, "बेकार फीस खर्च करते हो, स्कूल आना ही छोड़ दो।"

शैली ने कहा, "मम्मी-पापा के पैसे बचेंगे।"

बेचारा गिरिराज! आंखों में एकदम आंसू उमड़ आए। इन तीनों को कुछ कह नहीं सकता। टीचर से झूठमूठ शिकायत कर देंगी कि गिरिराज शोर मचा रहा था। फिर पिटाई होगी। गिरिराज से एकदम जोर से नहीं बोला जाता। मैडम को देखा और घिग्घी बंध जाती है। गणित वाली मैडम की तो शक्ल देखकर ही गिरिराज सब कुछ भूल जाता है। वह देखती ही ऐसे हैं कि थप्पड़ अब मारा कि अब मारा। बोलने से पहले ही बेचारा गिरिराज थप्पड़ का इंतजार करने लगता है—अब पड़ा, अब पड़ा। जी चाहता है कि थप्पड़ वगैरह का क्लेश कटे तो कम से कम इसके बाद वह दूसरे बच्चों की तरह आराम से तो बैठे। पहले तो, पिटाई होने वाली है इसका ही डर ऐसा होता है कि किसी काम में दिल ही नहीं लगता।

सच पूछो तो दिल स्कूल आने का भी नहीं करता, पर आना पड़ता है। न आए तो मम्मी-पापा ही पिटाई कर दें। कहें कि पढ़ोगे-लिखोगे नहीं तब बनोगे क्या? वैसे, ऐसे पढ़-लिखकर कोई बन भी क्या सकता है? मैडम बन सकता है, प्रिंसिपल बन सकता है, पापा बन सकता है। क्लास में कुट पिटकर कोई न परगट सिंह बन सकता है, न कपिलदेव। बनने को आदमी अमिताभ बच्चन बनना

चाहे या कपिलदेव या पी.टी. उषा या...पर ये मैडम लोग गणित में पहाड़ों के पीछे पीट डालेंगी या स्पेलिंग के पीछे जान निकाल लेंगी। ऐसे पिट-पिटकर बनते हैं क्या कपिलदेव?

मैडम की बात गिरिराज सुन भी ले, पर ये जो अनन्या, अवनिका और शैली इतराती फिरती हैं! बात-बात पर उसे ताने देती हैं! ठीक है कि तुम लोगों के पूरे बटा पूरे नंबर आते हैं, पर इसका मतलब यह तो नहीं कि अपने आप को मैडम से भी ज्यादा सुपर मैडम समझने लगो।

"बुद्धूराम, क्या करोगे आज टेस्ट में?" अनन्या ने कहा।

"वही जीरो!"

"जीरो क्यों, डबल जीरो!"

इसके बाद तीनों ही देर तक खिलखिलाती रहीं। उनकी हँसी सुनकर गुस्से में पता नहीं कैसे गिरिराज के मुंह से गाली निकल गई। अनन्या ने सुना। सुनकर भागी-भागी गई और टीचर से कहकर आ गई। फिर सीट पर बैठकर ऐसे देखा कि अब क्या करोगे बुद्धूराम? होगी पिटाई, आएगा मजा! चले थे मॉनीटर को गाली देने।

सच है, गाली दी है। मैडम क्लास में पूछेंगी तो अनन्या के संग अवनिका और शैली दोनों तुरंत हां में हां मिलाने बैठ जाएंगी। फिर होगी धम्मक-धूं। हुई। बात इतने पर ही न थमी। कान पकड़कर अनन्या से माफी मांगनी पड़ी।

जैसे घर आकर रोज बताते हैं सब बात कि स्कूल में क्या हुआ, मैडम ने क्या कहा आदि। वैसे ही उस दिन भी अनन्या ने बात बताई। पूरी की पूरी। एकदम सच्ची। सोच तो अनन्या यह रही थी कि मम्मी शाबाशी देंगी। हमेशा कहती हैं न कि किसी से पिटना नहीं। गलती करने वाला गलत, गलती सहने वाला महा गलत। अनन्या ने गलती करने वाले गिरिराज से क्षमा-याचना करवा ली।

इसके अलावा और जीत क्या हो सकती है? अनन्या अपने विजय-गर्व से कूदती आई। गिरिराज की भूल और उससे माफी मंगवाकर अपनी जीत की गाथा सुनाई।

लेकिन यह क्या? शाबाशी तो मिली नहीं। ऊपर से मम्मी ने अनन्या की ही गलती बताई। अनन्या होशियार है, उसकी सहेलियां भी तेज हैं। लेकिन इसका अर्थ यह नहीं कि गिरिराज का मजाक उड़ाया जाए।

बेचारा गिरिराज! हर जगह डांट खाता रहता है। घर में, स्कूल में। अब तो कक्षा में साथ पढ़ने वाले बच्चे भी उसका मजाक उड़ाने लगे हैं। वह तो जितना पढ़ लेता उतना भी नहीं पढ़ पाएगा। जी उचट जाएगा। दिल ही नहीं लगेगा। अगर तुम लोग उसके दोस्त बनो तो वह भी धीरे-धीरे तुम्हारी देखा-देखी थोड़ा बहुत होशियार बनने लगेगा।

धीरे-धीरे बात अनन्या की समझ में आने लगी। आई तो फिर आ ही गई। सहेलियों से मिलकर तय किया। ज्यादा तो हमें पता नहीं है। पर सुना है कि पहली बार गिरिराज को टीचर ने 'गुड' दिया है। जानते हो, अनन्या, अवनिका, शैली इससे इतनी प्रसन्न हुई हैं, जितनी अपने 'गुड' से भी नहीं हुई थीं।

तुम्हारी क्लास के 'गिरिराज' को 'गुड' कब मिलेगा? क्या तुम दिलवा सकते हो?

बुरे आदमी का दिल

अब मौसम में गुलाबी ठंडक शेष रह गई थी। मोहित परीक्षा की तैयारी की छुट्टी अपने गांव में बिता रहा था। मोहित की दादी मां ने गांव में रहकर वहां के शांतिपूर्ण वातावरण में परीक्षा की तैयारी करने की सलाह दी थी। उसकी हफ्ते भर की छुट्टियां बड़े मजे में बीतीं। उसने यह सारा समय ईमानदारी से पढ़ाई को दिया था। उसका सारा कोर्स तैयार हो गया था। उसे पूर्ण विश्वास हो चला था कि वह बोर्ड की परीक्षा में अच्छे अंकों से उत्तीर्ण होगा। कल उसे शहर जाना था, जहां उसके माता-पिता प्रतीक्षा कर रहे होंगे। उसकी दादी मां उसे बहुत प्यार करती थीं। अतः आज वे उसके लिए रसगुल्ले, नमकीन, सेव, मठरी आदि तैयार करने में जुटी थीं। दादी मां भी मोहित के साथ शहर जाने का कार्यक्रम बना चुकी थीं। अगले दिन मोहित ने बिस्तरबंद में अपनी कापियां बांधकर तैयारी पूरी की। दादी मां के पास उनकी अटैची थी। मोहित के बाबा जी उन्हें बैल गाड़ी से स्टेशन तक पहुंचा गए। मोहित और उसकी दादी मां रेलगाड़ी में सवार होकर शहर के लिए रवाना हो गए।

रात आठ बजे मोहित अपनी दादी मां के साथ शहर के स्टेशन पर उतरा। प्लेटफॉर्म से बाहर आकर उसने रिक्शा किया। रिक्शे वाले ने अटैची आगे रखी और बिस्तरबंद पीछे रखकर धीरे-धीरे रफ्तार बढ़ाई। थोड़ी ही देर में रिक्शा मोहित के घर के सामने आकर रुक गया। मोहित अटैची लेकर दादी मां के साथ उतरा। पर जैसे ही बिस्तरबंद उतारने को बढ़ा उसके पांव के नीचे से जमीन खिसक गई। बिस्तरबंद रिक्शे पर था ही नहीं। मोहित ने अपने घर की घंटी बजाई तो उसके माता-पिता ने दरवाजा खोला। इतने में रिक्शेवाला बिना पैसे लिए ही चंपत हो गया। मोहल्ले के और कई लोग भी इकट्ठे हो गए। मोहित और उसके पिता जी घर से स्टेशन तक पूरी खोज कर आए, परंतु न तो कहीं बिस्तरबंद पड़ा मिला और न ही उस रिक्शे वाले का कहीं पता चला। मोहित के एक चाचा जी रेलवे कालोनी में रहते थे। उन्होंने बताया कि आजकल सामान गायब करने वालों का एक गिरोह शहर में सक्रिय है जो रिक्शे वालों से मिलकर भोले-भाले यात्रियों का सामान गायब कर देता है।

मोहित को सबसे अधिक चिंता अपनी कॉपी-किताबों और नोट्स की थी क्योंकि उसकी परीक्षा के चार-पांच दिन ही शेष थे। सारी सामग्री उस बिस्तरबंद में थी। रात भर उसे नींद नहीं आई। उसे अपना भविष्य अंधकारमय दिखाई देने लगा। यद्यपि उसे काफी कुछ याद था, फिर भी परीक्षा के एक दिन पहले कोर्स को दोहराने के लिए कॉपी-किताबों और नोट्स की आवश्यकता पड़ती है। इतनी जल्दी फिर से नोट्स बना पाना संभव न था। वह निराश हो चला था। निराशा में लोग ईश्वर को याद कर लेते हैं। मोहित भी मनौतियां मना रहा था कि कोई देवदूत बनकर उसकी कॉपी-किताबें लौटा जाए, भले ही उसके कीमती कपड़े और बिस्तरबंद वह क्यों न रख ले।

मोहित की मां ने उसे धीरज बंधाते हुए कहा, "बेटा, गई हुई चीज वापस नहीं आती! परीक्षा के लिए सभी विषयों की पुस्तकें और प्रश्नोत्तरियां खरीद लो।"

मोहित ने कहा, "रहने दो मां, बेकार में सौ दो सौ रुपए खराब होंगे। मैंने काफी कोर्स याद कर लिया है। उसी के आधार पर परीक्षा दे दूंगा।"

मां ने समझाया, "हठ नहीं करते बेटा! जो पुस्तकें बाजार में मिल जाएंगी, उन्हें खरीद लेंगे।"

अभी मां-बेटे में वार्तालाप चल ही रहा था कि दरवाजे की घंटी बज उठी। मोहित ने बढ़कर दरवाजा खोला तो वहां एक अजनबी आदमी खड़ा था। तब तक मोहित की मां और दादी भी द्वार पर आ गईं।

उस आदमी ने मोहित को देखते ही पूछा, "बेटा, क्या तुम्हारा नाम मोहित है?"

मोहित ने हामी भर दी। तब उस आदमी ने बताया कि उसके मोहल्ले के एक गरीब को कल रात एक बिस्तरबंद मिला है जिसमें मोहित नामक बच्चे की कॉपी-किताबें हैं।

मोहित को वह आदमी देवदूत-सा लगा। वह खुश हो उठा। उसने पूछा, "पर उस आदमी को हमारा पता कैसे चला?"

आने वाले आदमी ने बताया, "उसने कॉपी-किताबों पर तुम्हारा व तुम्हारे स्कूल का नाम पढ़ा और फिर वह तुम्हारे स्कूल गया। स्कूल बंद था, तब वहां के एक कर्मचारी से उसने तुम्हारे घर का पता मालूम किया और अब मुझे तुम्हारे पास भेजा है।"

मोहित अपनी मां के साथ तैयार होकर उस आदमी के पीछे-पीछे हो लिया। थोड़ी ही देर में वे सब एक जर्जर मकान के सामने जा पहुंचे। मोहित ने दरवाजे की कुंडी खटखटाई। मकान के अंदर से एक बूढ़ा आदमी निकला। मोहित को दरवाजे पर खड़ा देखकर

वह सब कुछ समझ गया। उसने कहा, "सलामत रहो बेटा! शायद तुम्हारा ही नाम मोहित है।"

मोहित ने उत्तर दिया, "हां बाबा!"

बूढ़ा आदमी बोला, "बेटा, मैं बड़ा गरीब आदमी हूं। बुरा आदमी भी हूं। घर में चार-चार बेटियां ब्याहने को बैठी हैं। पापी पेट के लिए सब कुछ करना पड़ता है। पर जब तुम्हारा नाम कॉपी-किताबों पर देखा तो मुझसे रहा न गया। मैंने सोचा कि ये किताबें मेरे किस काम की? रद्दी में दो-चार रुपए की बिकेंगी, पर तुम्हारा उनके बिना काम न चलेगा। इसीलिए इस बुरे आदमी का दिल नहीं माना। तुम्हें खोजकर बुलाना पड़ा। खुदा तुम्हारा भला करे!"

मोहित के मुंह से निकल गया, "बाबा, आप तो मेरे लिए बहुत ही महान हैं!"

बूढ़े ने फीकी हँसी हँसते हुए घर के अंदर आवाज दी, "बेटी सलमा! जरा बिस्तरबंद तो देना, मोहित आया है!"

अगले ही पल किशोरी सलमा झेंपती हुई बिस्तरबंद के साथ हाजिर हुई।

बूढ़ा गिड़गिड़ाते हुए बोला, "लो बेटा, संभालो अपनी यह अमानत! कॉपी, किताबें और कपड़े सब देख लो कि ठीक हैं या नहीं। पर हां, रसगुल्ले और नमकीन सेव तो इतने जायकेदार थे कि बच्चियों ने सब खा डाले। पापी पेट के लिए माफी चाहता हूं।"

मोहित की मां बोली, "कोई बात नहीं बाबा! मिठाइयां और नमकीन तो खाने के लिए ही होती हैं। आपने बच्चे की कॉपी-किताबें वापस कर दीं, यही क्या कम है।"

बूढ़ा फीकी हँसी हँसता रहा। मोहित बड़ा खुश हुआ। उसने एक रिक्शे पर बिस्तरबंद रखवाया। चलते-चलते मोहित की मां ने सलमा के हाथ पर बीस रुपए का नोट रखते हुए कहा, "बेटी, ये तुम्हारा इनाम है। खुशी से मिठाई खाना और अपने अब्बा को

समझाना कि वे बुरा काम छोड़कर कोई अच्छा धंधा करें।"

रुपए लेने में सलमा और बूढ़े को बड़ा संकोच हो रहा था। आज उनके हाथों से एक नेक काम हुआ था, शायद यह एक नेक जिंदगी की शुरुआत हो। मोहित और उसकी मां रिक्शे में बैठ गए थे और रिक्शा आगे बढ़ चुका था। मोहित ने एक बार पीछे पलटकर सलमा और उसके अब्बा को देखा। उनकी बेबसी को महसूस किया। वह सोच रहा था कि बुरे आदमी के अंदर भी भला दिल होता है और यही उसे एक दिन भली राह पर ले आता है।

नन्ही छाती पर जड़ा मेडल

मैं डिप्टी सुपरिटेंडेंट ऑफ पुलिस, बलभद्र शर्मा का बेटा हूं। सारी कक्षा मेरा रुतबा मानती है। मेरे सहपाठी ही नहीं बल्कि बड़ी कक्षाओं के लड़के भी मुझसे डरते हैं। राजीव, सुमेर, नीरज आदि सभी लड़के मेरा कहा मानते हैं और मानें भी क्यों न? मैं आखिर डी. एस. पी. का बेटा हूं। पुलिस के नाम से तो लोग वैसे ही थर-थर कांपते हैं, फिर मेरे पिता तो कस्बे के सबसे वरिष्ठ पुलिस अफसर हैं।

पंद्रह अगस्त या अन्य किसी समारोह में खाकी वरदी में सजे पिताजी जब पुलिस के जवानों से सैल्यूट लेते हैं, तब मेरी छाती गर्व से फूल जाती है। अब आपसे क्या छिपाना, मुझे लगता है कि ये सब सैल्यूट जैसे मुझे ही मिल रहे हैं।

जब पिताजी वरदी पहनकर तैयार होते हैं उस समय उनका सीना कई प्रकार के मेडलों से सज जाता है। सुबह ठीक आठ बजे पुलिस की जीप पिताजी को लेने हमारी कोठी पर आती है। मेरे स्कूल का भी वही समय होता है। मैं कई बार पिताजी से कह चुका

हूं कि वह मुझे स्कूल छोड़ते हुए निकल जाएं। स्कूल रास्ते में ही तो है। पर पिताजी पर मेरी मिन्नतों का कोई असर नहीं होता। पुलिस की जीप में भला वह अपने बेटे को कैसे बिठाएंगे, जीप घिस नहीं जाएगी? काश! कभी पिताजी मेरी यह इच्छा पूरी कर देते तो मेरा रोब कितना बढ़ जाता! स्कूल के अहाते में पुलिस की जीप देखते ही सारे बच्चे एकत्र हो जाते। तब मैं शान से जीप से उतरता। कितना दबदबा हो जाता मेरा! पर पिताजी तो मेरी इस छोटी-सी इच्छा को भी पूरा नहीं कर सकते।

कक्षा में सबसे पहली सीट पर मैं ही बैठता हूं। किसी की मजाल नहीं जो मेरी सीट पर बैठ सके। किसी का मजाक उड़ाना, छेड़ना, टंगड़ी मारना मुझे बहुत अच्छा लगता है। कोई अध्यापक से मेरी शिकायत नहीं करता है। एक बार नीरज ने सर से मेरी ज्यादतियों की शिकायत कर दी थी। तब वह नया-नया आया था और उसे पता नहीं था कि मैं डी.एस.पी. का बेटा हूं। उस शिकायत पर सर ने मेरे कान गरम कर दिए थे। सब बच्चे सहमी-सहमी नजर से नीरज को देख रहे थे। उसके अंजाम की कल्पना वे अच्छी तरह कर सकते थे। कक्षा में अपने इस सार्वजनिक अपमान से मैं फुंका जा रहा था और बेसब्री से छुट्टी की घंटी का इंतजार कर रहा था। आज इस नए छोकरे को इसकी औकात समझानी ही पड़ेगी। छुट्टी की घंटी बजते ही सभी लड़के स्कूल के गेट के पास खड़े हो गए। आखिर में नीरज कंधे पर बैग टांगे नजर आया। उसके पास आने पर मैं दो कदम आगे बढ़ा।

"कहिए सत्यवादी हरिश्चंद्रजी! सर से मेरी शिकायत करके कितने लड्डू मिले?"

"हटो, मेरा रास्ता छोड़ो!"

"रास्ता तो बच्चू, तुम छोड़ोगे मेरा। डी.एस.पी. के बेटे से उलझने का नतीजा आज देख लो।"

और मैंने टंगड़ी मारकर उसे जमीन पर गिरा दिया। उसके बाद मुक्कों और घूंसों की बरसात शुरू कर दी। जब वह धूल चाटने लगा तब जाकर उसे छोड़ा। सभी लड़के खामोशी से यह तमाशा देख रहे थे। मैंने मिट्टी झाड़ी और घर की ओर चल पड़ा। इस सबक के बाद नीरज ने तो क्या, अन्य किसी भी लड़के ने मुझसे उलझने की जुर्रत नहीं की थी।

चाट मुझे बहुत अच्छी लगती है। स्कूल के बाहर रामू चाट वाला अपने खोमचे में खट्टी, चटपटी चटनी मिली बड़ी उम्दा चाट बनाता है। मैं रोज एक दोना चाट खाता हूं, पर उसे पैसे कभी नहीं देता। उसने भी कभी पैसे मांगने की हिम्मत नहीं की है। उसे पता है कि मैं डी.एस.पी. का बेटा हूं। चाहूं तो पुलिस के सिपाही को बुलवाकर उसका खोमचा वहां से उठवा सकता हूं।

हमारी कोठी बहुत बड़ी है। गेट पर दो सिपाही चौबीसों घंटे तैनात रहते हैं। घर में अरदली और नौकर-चाकर हर काम करने के लिए तत्पर रहते हैं। मैं अपने सभी काम उनसे करवाता हूं। वैसे मां को पता चले तो वह डांट देती है। उनका कहना है कि मुझे अपना काम स्वयं करना चाहिए, पर मैं इस कान से सुनकर उस कान से निकाल देता हूं। इतने नौकरों-चाकरों के होते हुए मैं कपड़े प्रेस करूं या जूते पालिश करूं तो इसमें क्या मेरी हेठी नहीं होगी? पर मां को भला कौन समझाए?

लेकिन आज मैं बड़ा परेशान हूं। मेरे अंदर उथल-पुथल मची हुई है। कल शाम को जब मैं स्कूल से लौटा तो घर में मुझे बड़ी चहल-पहल नजर आई। कारों, स्कूटरों में लोगों का तांता लगा हुआ था। मां से पूछा तो उन्होंने मुस्कराकर जवाब दिया, "बेटे, आज का दिन हमारे लिए बड़े गर्व और खुशी का दिन है। तुम्हारे पिताजी को उनकी उत्कृष्ट सेवाओं के लिए सरकार ने पुलिस का सर्वोच्च सम्मान, राष्ट्रपति पुलिस पदक दिया है। लोग-बाग बधाई

देने आ रहे हैं!" हर्षातिरेक से मां की आंखें भर आई थीं।

मुझे यह गोरखधंधा समझ नहीं आ रहा था। इतने मेडल तो पिताजी के पास हैं ही। हर दूसरे-चौथे साल एक मेडल की वृद्धि हो जाती है। अब एक और बढ़ जाएगा। इसमें इतनी खुशी की क्या बात है?

रात को जब मां दूध लेकर मेरे कमरे में आईं तो मैंने पूछा, "मां, इस पदक के मिलने से क्या पिताजी और बड़े अफसर बन जाएंगे?"

"नहीं बेटे! पर यह सम्मान हर रुतबे और हर पद से ऊंचा है। दो महीने बाद ही तुम्हारे पिताजी का कार्यकाल समाप्त हो रहा है और वे सेवानिवृत्त हो रहे हैं। सारी जिंदगी बड़ी निष्ठा से नौकरी की उन्होंने। अपनी ड्यूटी पूरी तरह से निभाई है उन्होंने। तुम्हारे दादाजी की मृत्यु तो तुम्हारे पिताजी के बाल्यकाल में ही हो गई थी। बड़ी मुश्किल से उन्होंने पढ़ाई पूरी की। फिर एक सिपाही के रूप में वह पुलिस में भरती हो गए। अपनी मेहनत, लगन और ईमानदारी से, सीढ़ी-दर-सीढ़ी चढ़ते हुए, वह इस ऊंचे स्थान पर पहुंचे हैं।"

मैं हैरानी से मां की बातें सुन रहा था।

मां का बोलना अनवरत जारी था, "कभी किसी निरपराधी को उन्होंने सजा नहीं दी और कभी किसी अपराधी को उन्होंने बख्शा नहीं। एक पैसे की रिश्वत लेना भी वह पाप समझते हैं। एक बार एक तस्कर ने उन्हें एक लाख रुपए की घूस देने का प्रयास किया था। बदले में उसे पांच साल जेल की चक्की पीसनी पड़ी थी।"

"मां, पिताजी के सेवानिवृत्त होने के बाद क्या हमें कोठी छोड़नी पड़ेगी?" मैंने मां से पूछा।

"हां बेटे! हमारे पास बहुत पैसा नहीं है। जो थोड़ा-बहुत पैसा फंड का है, उससे हमने तीन कमरों का एक छोटा-सा फ्लैट ले लिया है। नौकरी पूरी होने के बाद हम उसी में चले जाएंगे। पैसा

कमाना चाहते तो आज तुम्हारे पिता लाखों में खेल रहे होते और बैंक रुपयों से भरा होता, पर उन्होंने धन का लालच कभी नहीं किया। सेवानिवृत्ति पर हमारे पास ईमानदारी और कर्तव्यपरायणता का ही धन होगा। यही तुम्हारे पिताजी की जीवन भर की कमाई है। उनकी इसी कर्तव्यनिष्ठा को देखते हुए सरकार ने उन्हें यह सम्मान दिया है। अब छब्बीस जनवरी को स्वयं राष्ट्रपति उनके सीने पर मेडल लगाएंगे। इससे बड़ी भला कौन-सी निधि है?"

मैं बुत बना मां की बातें सुन रहा था। मेरी आंखों पर से अहंकार का परदा हट गया था।

ओह! कितने महान हैं मेरे पिता जी। और मैं उनका नालायक बेटा, कितना नीच हूं। पिताजी ने कभी एक पैसे की भी रिश्वत नहीं ली और मैं पिछले कई महीनों से रामू चाट वाले की चाट मुफ्त खा रहा हूं। पिताजी ने कभी किसी निरपराध को सजा नहीं दी और मैं सदा बेकसूर बच्चों को पीटता रहता हूं। मैं तो पिताजी के नाम पर कालिख पोत रहा हूं। आत्मग्लानि से मेरी आंखें भर आईं। अगर मां और पिताजी को मेरी उन ओछी हरकतों का पता चलेगा तो कितना दुख होगा उन्हें?

एकाएक एक दृढ़ निश्चय से मेरी आंखें चमकने लगीं। मैंने अपनी गुल्लक तोड़ी। कुल पैंतीस रुपए थे उसमें। अगली सुबह जब मैं स्कूल गया तो सबसे पहले नीरज के पास गया और मुस्कराकर बोला, "दोस्त, मेरी उस दिन की अशिष्टता को माफ करना। आज से हम-तुम दोस्त हैं!"

नीरज ने एक पल मुझे हैरत से देखा और फिर तपाक से मेरा हाथ थाम लिया। सब बच्चे हैरानी से मुझे ही देख रहे थे।

मैंने ऐलान किया, "दोस्तो, आज से मैं सिर्फ अखिल हूं, डी.एस.पी. का बेटा नहीं। अब मैं कोई ऐसा काम नहीं करूंगा जिससे किसी को परेशानी हो।"

मैं बीच की छुट्टी में रामू चाट वाले के पास गया। मुझे देखते ही उसने चाट का एक दोना मेरी ओर बढ़ा दिया। मैंने खामोशी से पैंतीस रुपए उसके हाथ में थमा दिए।

रामू अचकचा गया, "ई का है बबुआ?"

"देखो रामू, मैं पिछले कई महीनों से मुफ्त चाट खा रहा हूं। पता नहीं तुम्हारा हिसाब कितना बनता है? पर मेरे पास पैंतीस ही रुपए हैं। आगे से मैं पैसे देकर ही चाट खाऊंगा।"

रामू की आंखें भर आईं। उसने पैसे जेब में डाल लिए।

शाम को जब मैं घर आ रहा था तो मुझे लग रहा था कि मेरे सीने पर भी एक नन्हा-सा मेडल लगा हुआ है।

श्रुति

फूल-सी कोमल, गोरी-चिट्टी बच्ची को देखकर सभी का हृदय प्रसन्न हो उठा। घुंघराले काले-काले बालों से ढका सिर और बहुत ही प्यारा-सा चेहरा था। तीन साल की स्तुति ने अपनी नन्ही छोटी बहन को प्यार कर लिया तो मोहन मुग्ध हो गया। पत्नी शोभा से बोला, "मैं इस बेटी का नाम श्रुति रखूंगा। स्तुति की बहन श्रुति... ठीक है न?"

श्रुति! नाम इतना प्यारा था कि शोभा को भला क्या आपत्ति हो सकती थी!

कुछ महीने बीते। श्रुति बड़ी होने लगी। उसकी चपलता और चंचलता सब का मन हर लेती। उसके खिलखिलाकर हँसने, उसके बोलने के प्रयास में मुंह से विभिन्न प्रकार की आवाजें निकालने पर जहां शोभा गद्गद हो जाती, वहीं मोहन और शोभा को चिंताओं ने भी घेर रखा था।

बात उस समय की है जब श्रुति पांच-छह महीने की थी। उसे सड़क की तरफ वाले कमरे में सुलाकर शोभा रसोईघर में खाना बना

रही थी कि बम फटने जैसी एक भयंकर आवाज सुनकर उसके हाथ में पकड़ी कटोरी छूट गई। वह दौड़कर सोने वाले कमरे में गई। सोचा, श्रुति इस आवाज से डरकर उठ गई होगी और रोने लगी होगी। किंतु कमरे में जाकर वह आश्चर्य से ठिठककर खड़ी रह गई। श्रुति उसी करवट सो रही थी जिस करवट वह उसे सुला गई थी। उसे गहरी नींद में सोते देख वह सोचने लगी, 'क्या बच्ची ने यह आवाज सुनी नहीं?' आगे बढ़कर खिड़की के पास गई तो देखा कि सड़क पर एक ट्रक खड़ा है जिसका टायर फट गया था। ट्रक के चारों ओर भीड़ लगी हुई थी। शोभा तुरंत समझ गई कि वह भयंकर आवाज टायर फटने की ही थी। परंतु यह कैसे संभव है कि श्रुति के कानों से यह आवाज नहीं टकराई? श्रुति को तो चौंककर उठ जाना चाहिए था।

उसके मन में भयमिश्रित एक प्रश्न उठा, 'तो क्या श्रुति की श्रवणेन्द्रियां कमजोर हैं? क्या श्रुति बहरी है?' शोभा की आंखें भर आईं। हाय! इतनी सुंदर बच्ची अगर गूंगी-बहरी हुई तो?

शाम को मोहन जब ऑफिस से वापस लौटा तो शोभा को उदास देखकर बोला, "क्या बात है? आज तुमने श्रुति और स्तुति को तैयार नहीं किया? लड़कियों की तबियत तो ठीक है न?"

चाय का प्याला मोहन के हाथ में पकड़ाते हुए शोभा बोली, "तबियत दोनों की ही ठीक है। ऐसे ही अभी तक तैयार नहीं कर पाई हूं। अभी तैयार किए देती हूं।"

बच्चियों को शाम के कपड़े पहनाकर, स्तुति को जूता-मोजा पहनाया। श्रुति को प्रैम में बैठाकर शोभा ने नौकर के साथ दोनों को सामने वाले पार्क में घूमने के लिए भेज दिया। तब तक मोहन भी दफ्तर के कपड़े बदलकर आ गया।

एकांत पाकर शोभा रुआंसी होकर बोली, "आपने सड़क पर ट्रक खड़ा देखा है न?"

"हां, शायद उसका टायर फट गया है।"

"पर उसके भयंकर धमाके से आपकी श्रुति न चौंकी, न जागी, न रोई।"

मोहन की समझ में कुछ नहीं आया। वह आश्चर्य से शोभा को देखता रहा, बोला कुछ नहीं।

शोभा आगे बोली, "मैं इसे किनारे वाले कमरे में सुलाकर रसोईघर में खाना बना रही थी। जब टायर फटा, अचानक हुए धमाके से मैं इतने जोर से चौंकी कि मेरे हाथ से कटोरी छूट गई। मैं भागकर कमरे में गई। मुझे डर था कि श्रुति चौंकी होगी और रोते-रोते उसकी सांस उखड़ने लगी होगी। परंतु वहां जाकर देखा तो वह निश्चिंत होकर गहरी नींद में सो रही थी। इस धमाके का उस पर कोई असर नहीं हुआ था।" कहते-कहते शोभा रो पड़ी।

मोहन को भी सुनकर बहुत दुख हुआ। श्रुति का प्यारा-हँसता चेहरा उसकी आंखों के सामने आ गया। थोड़ी देर के लिए तो वह भी शोभा की तरह टूट गया। उसे अपनी मां की याद आई, जो श्रुति के होने पर स्तुति की देखभाल करने के लिए यहां आई हुई थीं। जब मोहन ने उन्हें श्रुति के जन्म की सूचना दी थी तो वे मुंह बिचकाकर बोली थीं, "दो-दो लड़कियां हो गईं और फिर भी तुम हँस रहे हो?"

"तो क्या हुआ मां? लड़कियां मेरे लिए लड़कों से कम नहीं! लड़के -लड़की में भेद करना ठीक नहीं होता है मां। लड़कियों को भी तो पूरी शिक्षा देनी पड़ती है। फिर अब तो लड़कियां भी लड़कों की तरह नौकरियां कर रही हैं। तुम सरोजिनी नायडू, इंदिरा गांधी, विजयलक्ष्मी पंडित, अरुणा आसफ अली जैसी सुप्रसिद्ध महिलाओं की शक्ति को झुठला नहीं सकती हो मां!"

"अरे बेटा, हर कोई सरोजिनी नायडू या इंदिरा गांधी नहीं बन जाती है। शादी-ब्याह की चिंता भी तो करनी पड़ेगी।"

"शादी-ब्याह तो उन लोगों का भी हुआ था मां। लेकिन ये सब तो आगे की बातें हैं, अभी तो हमें इन्हें पढ़ा-लिखाकर अपने पैरों पर खड़ा कर देना है।"

मोहन को अपनी मां की कही ये बातें याद आने लगीं। मन और अधिक उदास हो गया। परंतु वह हताश होने वाला आदमी नहीं था। उसने तय कर लिया कि इस बच्ची की परवरिश में जरा भी ढील नहीं करेंगे। उसी शाम वह श्रुति को कानों के रोग के विशेषज्ञ डॉक्टर टंडन के पास ले गया। डॉक्टर ने खूब ध्यान से भली प्रकार परीक्षण करने पर पाया कि बच्ची की श्रवणेन्द्रियां पंद्रह प्रतिशत ठीक हैं और पास में की गई हलकी आवाज को वह सुन लेती है। बार-बार एक ओर से आ रही आवाज की ओर भी उसका ध्यान चला जाता है, पर देर से।

डॉक्टर साहब का कहना था, "अगर आप लोग मुंह पास करके बच्ची के साथ धीरे-धीरे बातें करें तो उसे सुन-सुनकर शायद बोलने लगे। अभी तो श्रवण-यंत्र दिया नहीं जा सकता है, परंतु थोड़े दिनों बाद उसकी भी व्यवस्था कर दी गई तो संभवतः इसकी सुनने की क्षमता बढ़कर चालीस प्रतिशत हो जाए। अगर यह बोलने लगी तो यह धारणा तो बदली ही जा सकेगी कि बहरा इनसान गूंगा भी होता है। वैसे इस तरह के कई उदाहरण हैं भी।"

डॉक्टर की बातों से शोभा और मोहन के मन में नया उत्साह जागा। नन्ही श्रुति से वे लोग खूब बोलने लगे। छोटी-सी श्रुति बड़े जोरों से किलकारी मारकर हँसती और "हां-हां" करती। मुंह से बुलबुले निकालते हुए विभिन्न प्रकार की आवाजें करती तो माता-पिता खुश हो जाते। धीरे-धीरे समय बीतता गया।

साल भर की श्रुति को देखकर डॉक्टर टंडन भी आश्चर्य चकित हो गए। वह न केवल "मम-मम", "पापा", "दिद्दी", "दुद्धू", "दादा", "टा-टा" बोल लेती है, बल्कि बुलाने पर पास आ जाती

है। किसी चीज को रखने के लिए कहने पर रख देती है। कोई चीज पकड़ने के लिए दो तो पकड़ लेती है। डॉक्टर साहब ने इस सफलता का पूरा श्रेय शोभा और मोहन को दिया। विशेष रूप से श्रुति के लिए ही बनवाई गई एक छोटी-सी सुनने की मशीन भी वह ले आए थे। उन्होंने श्रुति के कानों में उसे लगा दिया तो थोड़ी देर तक तो उसे उलझन-सी होती रही। बार-बार कानों के पास हाथ ले जाती। मशीन के तारों को पकड़कर खींचती, परंतु उसके हाव-भाव से यह स्पष्ट था कि पहले से ज्यादा साफ सुन रही है। डॉक्टर टंडन ने दूर से, फिर पास से आवाजें कीं। उससे जब बातें कीं तो यह देखकर सबको सुखद आश्चर्य हुआ कि वह पहले से ज्यादा स्पष्ट सुन रही है और सही प्रतिक्रिया प्रकट कर रही है।

मोहन और शोभा ने निश्चय कर लिया था कि श्रुति को भी स्तुति के साथ ही, उसी के स्कूल में पढ़ने भेजेंगे। गूंगे-बहरों के स्कूल में भेजकर उसके मन में किसी तरह की कुंठा को जन्म न लेने देंगे।

परंतु जितना ध्यान घर पर मां-बाप बच्चों पर देते हैं, उतना स्कूल में कहां संभव है? नर्सरी स्कूल में भरती करने के थोड़े ही दिनों बाद श्रुति की शिकायतें आने लगीं। उसे सुलेख में पूरे अंक मिले, किंतु श्रुतलेख में पचास में से शून्य। अध्यापिका द्वारा बोली गई गिनतियां वह पूरी-पूरी नहीं लिख सकी, पर स्वयं जब लिखना पड़ा तो बिल्कुल ठीक लिख लिया। अध्यापिका को शक था कि उसने नकल तो नहीं की?

"इतनी छोटी-सी बच्ची नकल करने का मतलब ही नहीं जानती है, नकल क्या करेगी?" शोभा अध्यापिका से मिली तो बोली, "इसे सुनाई नहीं पड़ा होगा। आप इसे सामने वाली सीट पर बिठाइए। यह जरा कम सुनती है।"

अध्यापिका में संवेदनशीलता की कुछ कमी थी। बोली, "आप तो देख रही हैं कि श्रुति और बच्चों से ज्यादा लंबी है। उसे मैं आगे

कैसे बिठा सकती हूं? और यह थोड़ा नहीं...बहुत कम सुनती है! आप इसे बहरों के स्कूल में डालिए। वहीं ठीक रहेगी। बोलती भी बहुत कम है।"

शोभा का मन बड़ा दुखी हुआ। वह जानती थी कि श्रुति जितना सुनती है, जिन शब्दों को सुनती है, उन्हें ही बोल लेती है। किंतु अभी उसका शब्द-भंडार सीमित ही है। कभी-कभी श्रुति को सुनाई भी कम पड़ता है। परंतु उन्हें अपनी बेटी की बुद्धि पर पूरा भरोसा था। श्रुति अपनी सुनने की अक्षमता को दूर करने का जी-जान से प्रयास करती थी। वह बहुत ही चतुराई से सबके होठों के हिलने का अध्ययन करने लगी थी। अगर वह दूर खड़ी होती और कोई उससे कुछ कहता तो सुनाई न पड़ने पर भी, होंठों की हरकत पढ़कर श्रुति समझ जाती कि क्या कहा गया है।

जहां मां-बाप उत्साहित थे, वहीं नर्सरी की अध्यापिका पूरी तरह उदासीन थी। वहां की प्रधानाध्यापिका ने भी शोभा से अनुरोध किया कि श्रुति को स्कूल से हटा लें। श्रुति सामान्य बच्चों के साथ नहीं चल सकती। शोभा ने समझाने की कोशिश की, लेकिन कोई फायदा नहीं हुआ।

शोभा ने श्रुति को स्कूल से हटा लिया और घर पर ही उसे दो साल तक पढ़ाती रही। पांच साल की श्रुति को गरमियों में टाइफाइड हो गया। बीमारी लंबी खिंची। वह बेहद कमजोर हो गई ओर यह देखकर सबके हृदय को एक झटका-सा लगा कि श्रुति के कान और भी अधिक खराब हो गए थे। श्रवण-यंत्र का असर बहुत कम हो गया था, जबकि उसकी मशीन बहुत शक्तिशाली थी।

छोटी बच्ची थी इसलिए श्रुति को बीमारी से उत्पन्न शारीरिक कमजोरी पर विजय पाते देर न लगी। ठीक से फल खाए, भोजन किया तो पहले जैसा ही खेलने-कूदने लगी। परंतु उसकी श्रवण-शक्ति कम हो गई।

शोभा और मोहन दुखी तो अवश्य हुए किंतु हताश नहीं। उन्हें अपनी बेटी पर पूरा भरोसा था।

श्रुति सात साल की हो गई तो मोहन उसे स्तुति के स्कूल में भरती कर आया। घर पर शोभा के पास पढ़ने के कारण श्रुति को प्रवेश परीक्षा में कोई असुविधा नहीं हुई। बल्कि जब परीक्षा फल मिला तो उसके ही अंक हर विषय में सबसे अधिक थे। मोहन ने कक्षा अध्यापिका से अनुरोध किया कि श्रुति का जरा ध्यान रखें और उसे सामने वाली सीट पर बिठाएं। इस बात का भी भरोसा दिलाया कि उनकी ओर से दी गई थोड़ी-सी सहानुभूति, थोड़ा-सा प्यार श्रुति को नई दिशा देगा। वह पढ़ने-लिखने में और बच्चों से कमजोर साबित नहीं होगी। परंतु उसे कम सुनाई पड़ता है, इसलिए हो सकता है उसे समझने में कुछ दिक्कत हो।

श्रुति की नई अध्यापिका रेनू दीदी में उत्साह की कमी नहीं थी। उन्होंने प्यारी श्रुति को अपने से चिपटा लिया। उसके घुंघराले बालों पर हाथ फेरते हुए बोलीं "यह आपने अच्छा किया कि सारी बातें बता दी हैं। मैं इसका पूरा-पूरा ध्यान रखूंगी।"

"यह 'लिप-रीडिंग' कर लेती है। केवल बहुत जल्दी में कही गई बात समझने में जरा परेशानी होती है।"

"वह सब मैं संभाल लूंगी।"

"बच्चे, माने क्लास के बच्चे परेशान तो नहीं करेंगे?"

"ओ हो मिस्टर कुमार! आप निश्चिंत होकर घर जाएं! बच्चे इन सब बातों की ओर ध्यान ही नहीं देते हैं। आप देख लीजिएगा, श्रुति को सभी खूब प्यार करेंगे नए दोस्त बनते देर नहीं लगेगी। तुम आज ही से रुकोगी न श्रुति?" हँसकर उन्होंने श्रुति से पूछा तो श्रुति ने सिर हिलाकर हामी भर दी।

बड़े निश्चिंत होकर मोहन और शोभा घर लौटे। उन्हें स्कूल का वातावरण, अध्यापिका का स्नेहिल स्वभाव संतोषजनक लगा।

ऐसे बच्चों को प्यार की जरूरत होती है और साथ ही चाहिए सहानुभूतिपूर्ण बढ़ावा। अगर कोई उन्हें आगे बढ़ने के लिए निरंतर उत्साहित करता रहे तो वे अपनी कमजोरी पर विजय पाने में सफल हो सकते हैं।

और उनका सोचना ठीक निकला। रेनू दीदी से प्रेम और प्रोत्साहन पाते ही श्रुति में भारी बदलाव आ गया। साथ ही कक्षा के बच्चों के स्वाभाविक व्यवहार के कारण श्रुति के स्वभाव में भी निखार आ गया। वह स्कूल जाने के लिए लालायित रहने लगी। बड़े उत्साह से धैर्यपूर्वक अपना होमवर्क करती। कविताएं और पहाड़े याद करती। पहली ही परीक्षा में उसने बहुत अच्छे अंक पाए। केवल श्रुतलेख में उसके अंक कम थे।

रेनू दीदी ने शाबाशी देते हुए कहा, "श्रुति, तुमने तो सभी विषयों में बहुत अच्छे अंक पाए हैं। बस श्रुतलेख में कुछ शब्द छूट गए हैं। अगली बार इसमें भी तुम्हें जरूर अच्छे नंबर मिलेंगे!"

श्रुति खुश हुई। उसने मन ही मन निश्चय किया कि वह होठों की भाषा पर और ध्यान देगी। होठों की हरकत को पढ़ने में उससे भूल हो रही है, तभी उसे नंबर कम मिले हैं।

घर लौटते समय उसने स्तुति को अपना परीक्षाफल दिखाया। स्तुति अब कक्षा आठ में थी। वह बचपन से ही बड़ी मेधाविनी थी। बहन के परीक्षाफल को देखकर उसे खुशी हुई। श्रुति ने सभी विषयों में अस्सी से अधिक अंक पाए थे। बस केवल श्रुतलेख में ही सौ में से चालीस थे। समझ गई कि अवश्य ही ठीक से शब्दों को न सुन पाने के कारण ही उससे लिखने में गलती हुई होगी या उससे शब्द छूट गए होंगे।

बहन का माथा चूमते हुए स्तुति ने हँसकर कहा, "तुम्हें तो बहुत अच्छे नंबर मिले हैं, श्रुति!"

"दीदी, इस बार श्रुतलेख में मेरे नंबर बहुत कम आए हैं। लेकिन

तुम देख लेना, अगली बार इससे ज्यादा ही आएंगे।"

"ठीक है, अब से मैं तुमसे रोज श्रुतलेख कराया करूंगी।"

"तब तो बढ़िया रहेगा!" श्रुति ने खुश होकर कहा।

एक दिन श्रुति ने स्तुति से कहा, "दीदी, मेरी संगीत की टीचर मुझसे बहुत नाराज रहती हैं।"

"क्यों?"

"मैं कभी-कभी गलत सुर में गा देती हूं, इसलिए। असल में टीचर का गाया सुर सुन नहीं पाती हूं।"

"कौन-सा गीत है?" स्तुति के पूछने पर श्रुति ने जल्दी से गाने की पंक्तियां सुनाते हुए कहा, "मुझसे गाने के बोल भी गलत हो जाते हैं दीदी।"

स्तुति ने अपनी बहन को उदास पाया तो उसका हृदय पिघल उठा। बहन के फूले-फूले गालों को दबाते हुए हँसकर बोली, "मैं तुम्हें ये सभी गाने सिखा दूंगी। मुझे सब आते हैं।"

"सच दीदी?"

"हां!"

और सचमुच एक ही हफ्ते में स्तुति से श्रुति ने सारे गाने सीख लिए। संगीत की अध्यापिका ने जब उसे सही-सही गाते सुना तो आश्चर्यचकित रह गई। उससे भी ज्यादा प्रभावित किया था श्रुति के सुमधुर कंठस्वर ने। उसके नन्हे से गले में इतनी मिठास है, यह अध्यापिका ने पहली बार जाना। उसे दुख हुआ कि आज तक वह श्रुति को 'बहरी है' कहकर क्यों टालती चली आ रही थी।

एक सप्ताह बाद ही स्वाधीनता दिवस समारोह था। अध्यापिका ने श्रुति को ही समूह-गान की प्रमुख गायिका चुना।

रेनू दीदी ने तो श्रुति की प्रतिभा को पहचान ही लिया था। उन्होंने श्रुति को देशभक्ति की एक लंबी-सी कविता याद करने को दी और जब उसे याद हो गई, तब भाव-भंगिमा के साथ अभिनय

करते हुए कविता पाठ करना सिखाया। इस अभिनय सहित कविता पाठ की बात को केवल यही दो जानती थीं। रेनू दीदी की इच्छा थी कि श्रुति से कविता सब रंगमंच पर ही सुनें।

रेनू दीदी ने अपनी कक्षा के छोटे-छोटे लड़के-लड़कियों को लेकर एक नाटक भी तैयार किया। इसमें भी श्रुति की मुख्य भूमिका थी। उसे इंदिरा गांधी के बचपन की भूमिका दी गई थी। रेनू दीदी चाहती थीं कि इस बच्ची के मन में जो थोड़ी बहुत कुंठा है, वह भी दूर हो जाए। साथ ही वह अपने विद्‌यालय के बच्चों और अध्यापिकाओं तथा अभिभावकों को जता देना चाहती थीं कि बहरापन उन्नति के पथ में बाधक सिद्‌ध नहीं हो सकता है। लगन हो तो इनसान अपनी शारीरिक कमी पर विजय पा सकता है।

आज पंद्रह अगस्त का दिन था। श्रुति सुबह आंख खुलते ही शोभा से लिपट गई। बोली, "मम्मी, आप और पापा जरूर आइएगा।"

"पर बेटी, तुमने तो हमें बताया ही नहीं कि तुम क्या कर रही हो?" मोहन ने अखबार एक तरफ रखते हुए कहा।

"यह बात तो हमारे स्कूल में भी कोई नहीं जानता है। आप लोग आइएगा तो खुद ही देख लीजिएगा। फिर शोभा से बोली, "मम्मी, मुझे जल्दी से तैयार कर दो। हमें आठ बजे तक स्कूल पहुंचना है। आप लोग भी नौ बजे तक जरूर पहुंच जाना।

झंडा फहराने के बाद मुख्य अतिथि का भाषण हुआ। तत्पश्चात् छोटा-सा सांस्कृतिक कार्यक्रम प्रस्तुत किया गया। रेनू दीदी ही इस कार्यक्रम की संचालिका थीं। छोटे लड़के-लड़कियों के समूह-गान से कार्यक्रम आरंभ हुआ। प्रधानाध्यापिका को यह देखकर आश्चर्य हुआ कि श्रुति ही नेतृत्व कर रही है। वे तो यही जानती थीं कि लड़की बहरी है। अध्यापिकाओं की मीटिंग में रेनू गुप्ता के अलावा हर अध्यापिका ने बहरी लड़की को भरती कर लेने की शिकायत की थी। रेनू ही थी जो बार बार कह रही थी कि बच्ची को सामान्य

बच्चों के साथ बढ़ने देना चाहिए। उसे अवसर मिलना चाहिए। वह बहरी जरूर है, पर बोल लेती है। हमें उसकी इसी क्षमता को घिस-मांजकर गलत धारणाओं का मुंहतोड़ उत्तर देना चाहिए।

आज उसे समूह-गान में गाते देखकर प्रधानाध्यापिका को अच्छा लगा और श्रुति के माता-पिता, शोभा और मोहन? वे तो बोलना ही भूल गए थे। श्रुति समूह-गान का नेतृत्व कर रही है। चूड़ीदार पाजामा, कुरता, जरीदार बास्कट और टोपी तथा काजल से बनी पतली मूंछें!...क्या सचमुच यह उनकी श्रुति ही है?

आमंत्रित अतिथियों के बीच, पुराने नर्सरी स्कूल की प्रधानाचार्या और कुछ अध्यापिकाएं बैठी थीं। उन्होंने श्रुति को पहचान लिया था। उन्हें अपनी आंखों और कानों पर विश्वास नहीं हो रहा था।

दूसरा आइटम समाप्त हो गया। तीसरे आइटम की घोषणा हुई। परदा उठा। फ्राक पहने कुछ बच्चियां गुड़ियों के साथ खेल रही हैं। शोभा ने देखा, उनके बीच श्रुति भी है जिसके हाथ में सबसे सुंदर गुड़िया है। परदे के पीछे से नाटक की कहानी संक्षेप में बता दी गई थी, इसलिए शोभा और मोहन तुरंत समझ गए कि इंदिरा जी के बचपन की भूमिका श्रुति ही कर रही है। उन्हें यह देखकर आश्चर्य हो रहा था कि कितने स्वाभाविक ढंग से श्रुति अपने संवाद बोल रही है। कितना सुंदर अभिनय कर रही है। जिस समय गुड़िया को आग में फेंकने के लिए वह बढ़ी, उसके भाव देखकर, उसकी नन्हीं-सी छाती से चिपटी गुड़िया को देखकर किसकी आंखें नम न हुई होंगी? और फिर एक ही झटके में गुड़िया को आग में फेंक दिया तो चेहरे पर लेशमात्र भी दुख के भाव नहीं! दर्शकों की तालियों से बोझिल वातावरण गूंज उठा।

मुख्य अतिथि, कमिश्नर श्री रामनाथ सहाय ने जब सुना कि यह प्रतिभाशालिनी बालिका बहरी है, तो उन्हें विश्वास ही नहीं हुआ। बिना सुने यह बच्ची बोल कैसे लेती है? इतना सुंदर गा कैसे

लेती है? इतना अच्छा अभिनय कैसे कर लिया उसने?

नाटक समाप्त होते ही, बड़ी कक्षाओं की ओर से एक नृत्य और गीत प्रस्तुत किया गया। अंत में जब फिर श्रुति का नाम घोषित हुआ तो फिर दर्शकों की तालियों की गड़गड़ाहट से नाट्यगृह गूंज उठा। इस बार श्रुति वही लंबी कविता जिसे रेनू दीदी ने तैयार करवाया था, भावपूर्वक सुनाने लगी। उसने कविता पाठ इतने सुंदर, सहज और भावपूर्ण ढंग से किया कि सभी मुग्ध हो गए।

कार्यक्रम समाप्त होते ही कमिश्नर श्री सहाय और कई अभिभावकों ने श्रुति के लिए पुरस्कारों की घोषणा की। सभी श्रुति से, श्रुति के माता पिता से मिलना चाहते थे। अब तक सभी को पता चल चुका था कि श्रुति बिल्कुल नहीं सुन सकती है।

श्रुति स्टेज से उतरकर रेनू दीदी के साथ अपनी प्रधानाचार्या के पास आई। अभिवादन किया तो उनसे रहा नहीं गया। श्रुति को गोद में उठाकर चूमते हुए बोलीं, "तुम तो बहुत ही होशियार हो बेटी! हमें तुम पर गर्व है!"

उसके बाद तो हर कोई श्रुति को हाथों-हाथ लेने लगा। शोभा और मोहन पर प्रश्नों की बौछार होने लगी। सभी उनकी तारीफ करने लगे। उनके प्रयासों का ही फल था कि श्रुति ने अपनी इस शारीरिक कमी पर विजय पाने में सफलता प्राप्त कर ली।

सारी अध्यापिकाएं रेनू को बधाई दे रही थीं। रेनू ने सच ही कहा था। उसने बच्ची में छिपी प्रतिभा को पहचानने में तनिक भी भूल नहीं की थी।

रेनू से जब शोभा और मोहन मिले, तब कृतज्ञता से उनकी आवाज रुंध गई थी। उनकी आंखें छलछला रही थीं।

रेनू भी बहुत खुश थी। अपने परीक्षण में वह पूर्ण सफल हुई थी। शोभा का हाथ पकड़ते हुए उसने कहा, "बस, आपकी छलकती आंखें ही मेरे लिए काफी है! श्रुति को जिस मार्गदर्शन की जरूरत

थी, वह हमने कर दिया। परंतु यह मत भूलिएगा कि उसे अब भी हमारी जरूरत है। हमें तो उसके साथ चलना होगा।"

और नर्सरी की अध्यापिकाएं? वे सब शर्म से मुंह छिपा रही थीं। छिः, एक नन्ही-सी बच्ची को उन्होंने बहरी कहकर स्कूल से निकाल दिया था। आज वही बच्ची सबके गले का हार बन गई है।

स्तुति और श्रुति के साथ घर लौटते समय शोभा और मोहन को लग रहा था कि बहुत ही ऊंचे पहाड़ को लांघकर अब वे समतल मैदानी जगह पर आ गए हैं। आगे का रास्ता पहले जैसा कठिन और थका देने वाला नहीं होगा।

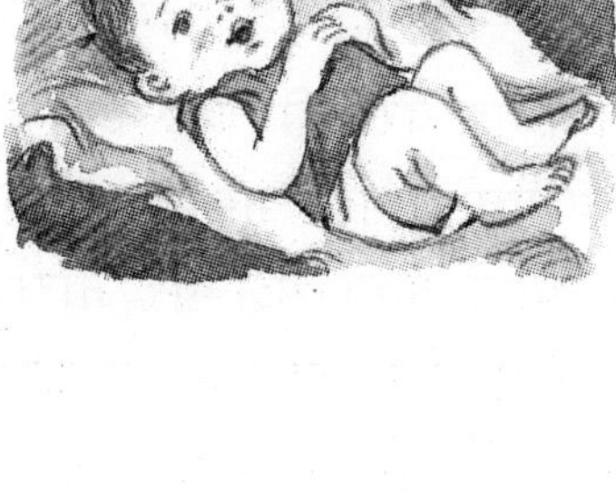

रहस्य की बात

तीसरी इकाई परीक्षा में भी मैं सभी विषयों में फेल हो गई।

विद्यालय के प्रगति-पत्र में मेरे अंक देखकर मम्मी ने झल्लाते हुए क्रोध से कहा, "न घर के काम-काज में मेरा हाथ बंटाती है और न ही ठीक से पढ़ती है। आने दे पापा को। देखना, कैसी खबर लेते हैं तेरी!"

निश्चित ही पापा मुझ पर बुरी तरह नाराज होंगे। इसी आशंका से मैं अत्यधिक भयभीत हो गई। मम्मी तो दिन भर मुझे डांटती ही रहती हैं, लेकिन पापा कभी मुझ पर नाराज नहीं होते। तेज निगाहों से उनका मेरी ओर देख लेना ही काफी है।

बहुत हुआ तो कभी धीरे से गंभीर आवाज में डांट देते हैं, "तुम्हारी पढ़ाई आजकल ठीक नहीं चल रही है।"

लेकिन तीसरी इकाई परीक्षा में मेरे अंकों को देखकर पापा भी मम्मी की तरह क्रोधित हो जाएंगे।

शाम को जब पापा ऑफिस से आए तो रोज की तरह उन्होंने बड़े प्यार से मुझे पुकारा, "सीमा!"

पापा ने फिर प्यार से पुकारा, "सीमा बेटे, कहां हो तुम?"

'अब तो जाना ही होगा', सोचते हुए मैं अपने कमरे से बाहर आने लगी।

इसी समय मम्मी की तेज आवाज सुनाई दी, "आपने ही तो सिर पर चढ़ा रखा है अपनी लाड़ली बिटिया को। जानते हैं आप, तीसरी इकाई परीक्षा में भी बुरी तरह फेल हो गई है।"

भय से घबराई हुई, सिर झुकाए मैं पापा के सामने आकर खड़ी हो गई।

स्नेहपूर्वक मेरे सिर पर हाथ फेरते हुए पापा धीरे से बोले, "क्या बात है बेटे? पढ़ाई में तुम्हारा मन क्यों नहीं लगता है?"

पापा का यह प्रश्न सुनकर सहसा ही कक्षा की एक घटना मेरे दिमाग में घूम गई। पिछले महीने कक्षा अध्यापिका जब दूसरी इकाई की उत्तर-पुस्तिकाएं छात्राओं को दे रहीं थीं तो मेरा नाम आने पर, मेरी कॉपी मुझे देते हुए वह व्यंग्य से बोली थीं, "तुम तो कभी पास नहीं हो सकतीं, सीमा।"

उनके कहने के ढंग से कक्षा की सभी छात्राएं खिलखिलाकर हँसने लगी थीं और मैं अपनी कॉपी लेते हुए, पसीने से तर, शर्म में डूबी पानी-पानी हो गई थी। उस दिन से लेकर आज तक, जब भी मैं पढ़ने बैठती हूं तो मुझे कक्षा अध्यापिका की कही बात याद आ जाती है—"तुम तो कभी पास नहीं हो सकतीं, सीमा...तुम तो कभी पास नहीं हो सकतीं सीमा।"

पढ़ते समय यही बात मेरे मन में लगातार गूंजती रहती है और पढ़ने में मेरा मन ही नहीं लगता। यह बात याद आते ही मेरी आंखों से आंसू बहने लगे।

पापा ने जेब से रूमाल निकालकर मेरे आंसुओं को पोंछते हुए प्यार से कहा, "अरे! यह क्या? तुम तो रोने लगीं?" इसके बाद मेरी पीठ थपथपाते हुए वे उत्साह से बोले, "हमारी बिटिया अगली

परीक्षा में अवश्य ही अच्छे अंकों से पास होगी।"

यह सुनकर पास ही खड़ी मम्मी ने नाक-मुंह सिकोड़कर कहा, "खाक पास होगी अच्छे नंबरों से!"

मम्मी शायद कुछ और कहने जा रही थीं कि पापा ने तेज नजरों से उनकी ओर देखा। मम्मी बड़बड़ाते हुए अंदर चली गईं। मुझे आश्चर्य हो रहा था कि पापा मेरे तीसरी बार फेल होने के उपरांत भी मुझे डांट क्यों नहीं रहे हैं?

दूसरे दिन सबेरे जब हर रोज की तरह मैं पापा के लिए नाश्ता और दूध का गिलास लेकर उनके कमरे में गई तो वे पढ़ रहे थे। पापा को पढ़ने का बहुत शौक है। न जाने कहां-कहां से ढेर सारी किताबें लाकर, खाली समय मिलने पर पढ़ने लगते हैं।

उनका पढ़ना देखकर मम्मी कभी-कभी गुस्सा करते हुए कहती हैं, "इतनी मोटी-मोटी किताबें लाकर रात-दिन पढ़ते रहते हो। इससे तो अच्छा है कि अपनी लाड़ली बिटिया को ही कुछ देर पढ़ा दिया करो।"

नाश्ता और दूध का गिलास मेज पर रखकर मैं जा ही रही थी कि पापा ने कहा, "सीमा, जरा बैठो तो बेटे!"

सहमती हुई-सी मैं सिर झुकाए चुपचाप कुरसी पर बैठ गई। मुझे लगा कि शायद अब पापा मुझे डांटेंगे।

पापा ने चश्मा उतारकर मेज पर रख दिया और गहरी स्नेहपूर्ण दृष्टि से मेरी ओर देखा। मुझे लगा कि पापा जी की इस गहरी दृष्टि ने मेरे भीतर की सभी बातों को देख लिया है।

"सीमा," पापा प्यार से कहने लगे, "तुम इतनी मेहनत करती हो, क्या कारण है कि तुम तीसरी इकाई परीक्षा में भी फेल हो गई? क्या तुम्हारा मन पढ़ने में नहीं लगता? या और कोई बात है?"

"पापा!" मेरी आवाज रुंध गई, "मुझे लगता है कि मैं कभी भी पास नहीं हो सकती।"

"क्यों?" पापा ने विस्मय से पूछा।

जब मैं अपनी कक्षा अध्यापिका की बात उन्हें सुनाने लगी तो मेरी आंखों से आंसू बहने लगे। पूरी बात सुनकर पापा कुछ समय तक खामोश बैठे रहे। उन्होंने कल की तरह न मेरे आंसू पोंछे और न ही कुछ कहा। डबडबाई आंखों से मैंने पापा की ओर देखा। उन्होंने कुरसी पर पीछे की ओर टिककर अपनी आंखें मूंद ली थीं, जैसे वे किसी गंभीर विचार में डूब गए हों।

सहसा उन्होंने आंखें खोलीं। शीघ्रता से आगे की ओर झुकते हुए उन्होंने मेज से अपना चश्मा उठाने के लिए हाथ बढ़ाया। न जाने वे क्रोध में थे या किसी विचार में डूबे थे कि चश्मा मेज से उठाकर जैसे ही उन्होंने हाथ पीछे किया, मेज पर रखा दूध का गिलास लुढ़क गया। गिलास का दूध फर्श पर बिखरकर बहने लगा।

"अरे! यह क्या हुआ?" कहकर पापा हड़बड़ाते हुए कुरसी से उठकर खड़े हो गए।

मैं भी घबराहट और भय से उठकर खड़ी हो गई थी।

"यह तो बड़ा गड़बड़ हो गया, सीमा!" पापा अफसोस करते हुए कहने लगे, "अब तुम ऐसा करो कि चुपचाप एक कपड़ा लाकर ठीक से पूरा कमरा साफ कर दो, नहीं तो तुम्हारी मम्मी बहुत नाराज होंगी। वैसे ही कल से उनका मूड खराब है।"

मैं शीघ्रता से कमरे से बाहर गई और कपड़ा लेकर वापस आ गई। फर्श को कपड़े से पोंछकर साफ करने ही जा रही थी कि पापा की गंभीर आवाज सुनाई दी, "जरा रुको, सीमा।"

रुककर मैं आश्चर्यपूर्वक पापा की ओर देखने लगी।

"सीमा," पापा स्नेहपूर्वक कहने लगे, "क्या तुम गिरे हुए दूध को उसी स्थिति में वापस गिलास में भर सकती हो?"

'यह क्या कह रहे हैं, पापा?' मैंने आश्चर्यपूर्वक सोचा, 'भला ऐसा भी कभी हो सकता है? लाख प्रयास करने पर भी गिरा हुआ

दूध किसी भी तरह वापस गिलास में नहीं लाया जा सकता।'

मुझे आश्चर्य से अपनी ओर टुकुर-टुकुर ताकते हुए देखकर पापा पश्चात्ताप करते हुए बोले, "भूल तो मेरी ही है। यदि मैं सावधानीपूर्वक अपना चश्मा उठाता तो दूध कभी न गिरता। अपनी इस भूल के लिए मैं प्रायश्चित करूंगा। मैं अब दूध कभी नहीं पिऊंगा।"

सहानुभूतिपूर्वक मैंने कहा, "इस मामूली-सी भूल के लिए आप दूध पीना छोड़ देंगे, पापा?"

"हां बेटे," पापा दुखी स्वर में बोले।

"ऐसा नहीं हो सकता, पापा", मैंने दृढ़ता से कहा," ऐसी छोटी-मोटी भूल तो कभी-कभी हो ही जाया करती है!" कुछ क्षण रुककर मैं फिर उत्साहपूर्वक कहने लगी, "मैं जल्दी से फर्श साफ करके, आपके लिए दूसरे गिलास में दूध लेकर आ जाती हूं। आप समझ लीजिए कुछ हुआ ही नहीं है।"

मेरे यह कहते ही पापा जोर से खिलखिलाकर हँसने लगे।

अब तक पश्चात्ताप करते, गंभीर बने पापा को एकाएक खिलखिलाकर हँसते देखकर मैं उनकी ओर टुकुर-टुकुर निहारने लगी। पापा अब आराम से कुरसी पर बैठ गए थे। मैं कुछ भी न समझते हुए शीघ्रता से फर्श पोंछने लगी।

"सीमा!" पापा स्नेहयुक्त स्वर में कहने लगे, "जिस प्रकार बिखरे दूध को वापस गिलास में नहीं भरा जा सकता, उसी प्रकार बीती गलतियों पर पछताने से कुछ नहीं हो सकता। एक बार, दो बार या तीन बार दूध का गिलास गिर जाने पर क्या मैं कभी दूध न पीने के निश्चय से अपनी गलती ठीक कर सकता हूं? क्या तुम दो-तीन इकाई परीक्षा में फेल होने के बाद इस बात को अपने मन में स्थान दे दोगी कि तुम कभी पास नहीं हो सकतीं?" कुछ क्षण रुककर प्रभावशाली आवाज में पापा पुनः कहने लगे, "आवश्यकता इस बात की है कि पूर्ण आत्मविश्वास रखते हुए हम पिछली गलतियों

को भूलकर अपना कार्य करते रहें। सफलता हमें निश्चित ही मिलेगी। आत्मविश्वास की ताकत जिसके पास है, सफलता से उसे कोई वंचित नहीं कर सकता।"

फर्श पोंछते-पोंछते मैं पापा के एक-एक शब्द को ध्यानपूर्वक सुन रही थी।

उनकी बातें मेरे मन में अदम्य उत्साह, गहन विश्वास और अनंत आशा का नवीन संदेश संचारित कर रही थीं। 'आत्मविश्वास,' मैंने स्वयं से कहा, 'हां, मेरा आत्मविश्वास ही जैसे बिखर गया था। अब मैं एक नवीन आत्मविश्वास लेकर अपनी पढ़ाई शुरू करूंगी और...'

पापा मेरी ओर एकटक देख रहे थे। मुझे लगा कि आत्मविश्वास की असंख्य तरंगें मेरे मन में हिलोरें ले रही हैं।

कुछ क्षणों तक मेरी ओर देखने के पश्चात् पापा मुस्कराते हुए बोले, "हमारी बिटिया अगली परीक्षाओं में सबसे आगे रहेगी।"

सचमुच, उस दिन मेरे मन में एक नवीन आत्मविश्वास जागृत हो गया था। तबसे आज तक, मैं प्रत्येक कक्षा में सबसे अधिक अंकों से पास होती रही हूं।

लेकिन उस दिन की बात सोचकर आज भी मेरे अधरों पर मुस्कराहट बिखर जाती है। क्या पापा ने जान-बूझकर दूध का गिलास मेज से लुढ़का दिया था? कितनी बार चाहकर भी पापा से मैं इस रहस्य की बात को नहीं पूछ सकी हूं।

एहसास

"मुझे किसी पार्टी में नहीं जाना। कह दिया न एक बार। बार-बार एक ही बात क्यों पूछती रहती हो? मैं नहीं जाऊंगा, बस!"

"पर भैया, क्या तुम भूल गए हो कि कल दीवाली है?" प्रदीप की छोटी बहिन सुनीता बोल उठी, "और पार्टी है दीश अंकल के घर में। न जाने का तो सवाल ही पैदा नहीं होता है।"

"तुम लोग चले जाना। मैंने तुम लोगों को मना थोड़े ही किया है। सिर्फ मैं नहीं जाऊंगा।" प्रदीप की आवाज में जिद थी। उसने फिर कहा, "मेरे जाने या न जाने से क्या फर्क पड़ता है?"

"पर दीश अंकल पापा के बिजनेस पार्टनर हैं," कमरे के दूसरे कोने से उमा बोली, "तुम्हारे न जाने से वह बुरा नहीं मानेंगे?"

"वह क्यों बुरा मानने लगे? उनके बिजनेस पार्टनर पापा हैं, मैं नहीं," प्रदीप ने जवाब दिया।

"किस बात पर बहस हो रही है?"

"मम्मी देखो न, भैया कह रहा है कि वह दीश अंकल की पार्टी में नहीं जाएगा।"

"ऐसा कैसे हो सकता है? हम सभी तो जा रहे हैं वहां।"

"मैं नहीं जाऊंगा, मम्मी," प्रदीप ने जवाब दिया।

"अच्छे बच्चे जिद नहीं किया करते। हम तुम्हें अकेले छोड़कर कैसे जा सकते हैं?"

"क्यों नहीं?" प्रदीप ने अपनी मां की ओर देखते हुए कहा, "मैं अब बच्चा नहीं हूं मम्मी।"

"पर तुम्हारे न जाने की वजह क्या है? जरा मैं भी तो सुनूं," मम्मी ने नाराजगी से कहा।

"मुझे ये सब अच्छा नहीं लगता है। खासतौर से दीवाली पर," प्रदीप ने जवाब दिया, "नीतू और उमा तो जाते ही चिंकी और पिंकी के साथ वीडियो लेकर बैठ जाएंगी। पापा अंकल के साथ ताश खेलने में मस्त हो जाएंगे और तुम आंटी के साथ घर-गृहस्थी की चर्चा में लग जाओगी। मैं क्या करूंगा?" वहां तो पढ़ने लायक किताबें भी नहीं होंगी। ऊब जाऊंगा मैं।"

प्रदीप की बातें सुनकर नीतू और उमा दोनों हँसने लगी।

"कमाल है भैया! दीवाली की धूम-धाम में तुम किताबें पढ़ोगे?" उमा बोली, "सारा मजा किरकिरा हो जाएगा।"

"यह भी कोई बात हुई!" नीतू ने मुंह बनाकर कहा।

"तू भी तो इन सबके साथ पिक्चर देख सकता है", मां ने कहा, "फिर आतिशबाजी, पटाखे वगैरह तो हम वहीं ले चलेंगे और वहीं छुड़ाएंगे।"

"अंकल अभी-अभी सिंगापुर से लौटे हैं। बहुत सारी नई पिक्चरें लाए होंगे," नीतू बोली।

"मुझे न तो पिक्चरों में दिलचस्पी है और न ही अनार, पटाखों में," प्रदीप ने कहा, "इससे अच्छा तो मैं दादी मां के पास चला जाता। मम्मी, तुमने दादी मां को क्यों नहीं बुलाया? उनको भी तो इस समय कितना अकेलापन लग रहा होगा।"

"कहा तो था उनसे। पर वह तो वृंदावन छोड़कर कहीं जाना ही नहीं चाहती हैं। वह हम लोगों को वहीं आने के लिए कह रही थीं," मां ने जवाब दिया, "पर हम लोग इस समय जा भी कैसे सकते हैं? तुम्हारे पापा का इस समय दिल्ली में रहना बहुत जरूरी है।"

प्रदीप चुप हो गया। समय के साथ-साथ इनसान कितने बदल जाते हैं—उनका रहन-सहन, मूल्यांकन के तरीके, दृष्टिकोण, सभी बदल जाते हैं। प्रदीप को वह समय याद आ गया, जब दादी मां भी उन्हीं के साथ इसी घर में रहा करती थीं। कितने अलग थे वे दिन। हर पल, हर चीज में दादी मां किस तरह से ध्यान रखती थीं। अपने हाथों से खाना परोसती थीं। लड्डू, शकरपारे, मठ्ठियां, समोसे, अचार और कितनी सारी दूसरी मजेदार चीजें खुद बनाकर खिलाती थीं। जाड़े के महीने में अपनी दूध-सी सफेद, मुलायम रजाई के अंदर लिटाकर कहानियां सुनाती थीं। घर में किसी भी समय अकेलापन महसूस नहीं होता था। दादी मां जो थीं। हां, वृंदावन का वह छोटा-सा घर तब भी था। तब भी कभी-कभी दादी मां वहां जाकर रह लेती थीं। कभी उन लोगों को भी साथ ले जाती थीं। न जाने कबसे दादी मां का वहां रहने का समय बढ़ता गया और बढ़ते-बढ़ते वह वहीं पर रहने लगीं। इतना धीरे-धीरे सब कुछ हुआ कि किसी को यह परिवर्तन महसूस ही नहीं हुआ। फिर एक दिन उसे समझ में आया कि दादी मां अब इस घर का हिस्सा नहीं रहीं। अगर वह आतीं भी तो एक मेहमान की तरह।

प्रदीप को चुप देखकर उसकी मां उसके पास आकर बोली, "क्यों दीपू बेटे, चलेगा न हम लोगों के साथ?"

"मैं अकेला रह सकता हूं। मम्मी, प्लीज! मुझे कुछ नहीं होगा," प्रदीप ने कहा।

"किसको अकेले रहना है?" प्रदीप के पिताजी ने कमरे में आते हुए पूछा।

"पापा, मैं दीश अंकल की पार्टी में नहीं जाऊंगा। मैं बहुत ऊब जाता हूं। मुझे घर पर ही रहना है", प्रदीप ने जवाब दिया।

"ठीक है बेटे! ऐसा ही होगा। अगर तुम दीवाली की रात अकेले घर पर ही रहना चाहते हो, तो रहो," पिताजी हँसकर बोले।

"पर ऐसा कैसे हो सकता है?" मां हैरान होकर बोल उठी, "कल तो घर पर कोई नौकर भी नहीं होगा। सभी दीवाली मनाने अपने-अपने घर जाएंगे।"

"परेशान होने की कोई बात नहीं है। फ्रिज में जो कुछ भी पड़ा है, मैं वही खा लूंगा। किताबें पढूंगा और म्यूजिक सुनूंगा," प्रदीप ने मुस्कराकर कहा

"ठीक है!" पिताजी ने खिड़की के बाहर देखते हुए कहा, "मैं जब तुम्हारी उम्र का था, मुझे भी ऐसा महसूस होता था। कितने अच्छे थे वे दिन! दीवाली के समय हम अकसर वृंदावन चले जाते थे..."

"पापा, क्यों न हम इस साल भी वृंदावन चलें?" प्रदीप की आंखें चमक उठीं। "कुछ ही घंटों की तो ड्राइव है...और फिर दादी मां भी कितनी खुश होंगी।"

प्रदीप की बातों से पिताजी की आंखें भी चमकने लगीं। "वाह! अच्छा विचार है!"

"पर अभी हम कैसे जा सकते हैं?" मां के स्वर में नाराजगी थी। "दीश साहब क्या सोचेंगे?"

"हमें दीश अंकल के घर नई पिक्चरें भी देखनी हैं," उमा बोली।

"ठीक कहा। इस साल तो हम जा नहीं सकते," पिताजी बोल उठे, "दीपू बेटे, अगली दीवाली पर हम जरूर तुम्हे वृंदावन ले चलेंगे।"

दीवाली की रात आई। प्रदीप की मां, पिताजी और दोनों बहनें, दीश अंकल के यहां जाने के लिए तैयार हो गए।

"दीपू बेटे, खाना, मिठाई सभी कुछ फ्रिज में रखा है, याद से खा

लेना। हमें लौटने में काफी देर होगी, तुम सो जाना। हम दरवाजे की चाबी साथ लिए जा रहे हैं", मां ने गाड़ी में चढ़ते हुए कहा।

"तुम नाहक परेशान मत हो मम्मी, मैं बिल्कुल ठीक-ठाक रहूंगा।" प्रदीप ने जवाब दिया।

"और भैया, हम तुम्हारे लिए कुछ मोमबत्तियां, अनार, फुलझड़ियां और पटाखे भी छोड़ जा रहे हैं मेज पर," उमा बोली।

"क्या पता अचानक तुम्हारा पटाखे चलाने का मन हो जाए," नीतू यह कहकर खिलखिलाई।

"कभी नहीं," प्रदीप ने भी हँसकर जवाब दिया, "फुलझड़ियां, अनार जलाने की अब मेरी उम्र नहीं रही और पटाखों से मुझे सख्त नफरत है। पर हां, मोमबत्ती शायद काम आ जाए। चारों तरफ इतनी रोशनी हो रही है, बिजली जरूर जाएगी। साथ में एक माचिस भी रख दी है न?"

"रसोई से ले लेना," उमा बोली, "बाय!"

गाड़ी निकल गई। इतने बड़े घर में अब प्रदीप अकेला था। उसे काफी खुशी हो रही थी। उसे अकेलेपन से कोई डर नहीं था। चारों तरफ रोशनी ही रोशनी थी। पटाखों की आवाज दूर-दूर से आ रही थी। न जाने लोगों को यह आवाजें इतनी पसंद क्यों हैं? सिरदर्द के अलावा इसमें रखा ही क्या है?' फिर उसने सोचा कि इतने शोरगुल में तो मैं म्यूजिक भी नहीं सुन पाऊंगा।

प्रदीप घर की सारी बत्तियां बुझाकर, कुरसी लेकर लॉन के एक कोने में बैठ गया। जाने से पहले उमा और नीतू छत तथा बरामदे पर दीये जलाकर गई थीं। वे दीये अब भी जल रहे थे। साथ में कुछ मोमबत्तियां भी जल रही थीं। प्रदीप को दादी मां की याद आ रही थी। एक बार तीनों भाई बहिनों को लेकर वे दीवाली पर वृंदावन गई थीं। कितना मजा आया था उस बार। सारा दिन सबने मिलकर घर की सफाई की, फिर यमुना में नहाए और घर लौटकर

दीये जलाए। दादी मां ने लक्ष्मी-पूजा के बाद सबको प्रसाद बांटा। फिर सब मिलकर तांगे से मंदिर गए। वापस आकर कितनी रात तक सब फुलझड़ियां जलाते रहे थे। यमुना की लहरों की कल-कल आवाज प्रदीप के कानों में अब भी गूंज रही थी। दादी मां शायद इस समय यमुना के किनारे बैठी होंगी। एकदम अकेली। उन्हें हम सबकी याद आ रही होगी।

अचानक प्रदीप को रोने की आवाज सुनाई दी। कोई सिसक-सिसककर रो रहा था। प्रदीप हैरान हो गया। घर में तो कोई भी नहीं था। नौकर, नौकरानियां भी नहीं। फिर यह रोने वाला कौन था? आवाज बहुत करीब से आ रही थी।

"कौन है?" प्रदीप ने जोर से पूछा।

कोई जवाब नहीं आया।

"कौन है वहां?"

प्रदीप ने दोबारा पूछा। रोने की आवाज अचानक रुक गई। प्रदीप कुरसी से उठकर जिस तरफ से आवाज आ रही थी, उसी तरफ चला। बगीचे के कोने में बाड़ के साये में कोई बैठा था।

"कौन हो तुम? सामने आओ!"

छह-सात साल का एक लड़का आंखें पोंछते हुए सामने आया।

"कौन हो तुम?"

"छोटू।"

"छोटू कौन?"

"मैं कमला का बेटा हूं।"

"यह कमला कौन है?" प्रदीप ने पूछा

"आपके घर की सफाई करती है।"

अब प्रदीप की समझ में आया। कमला उसके घर में काम करने वाली महरी का नाम था। पर कमला ने तो छुट्टी ले रखी थी।

"तुम यहां क्या कर रहे हो?" प्रदीप ने पूछा।

"भागकर आया हूं," छोटू ने रोते हुए जवाब दिया।

"पर क्यों?" प्रदीप ने हैरान होकर पूछा।

"घर पर कोई भी नहीं है, मुझे अकेले डर लग रहा था।"

"तुम्हारे घर के लोग गए कहां?"

"अस्पताल।"

"अस्पताल क्यों?"

"मेरी दादी मां अचानक बेहोश हो गई है। मां और बापू उसे लेकर अस्पताल चले गए। मुन्नू को भी साथ ले गए।" छोटू और भी जोर से रोने लगा।

प्रदीप की समझ में नहीं आया कि वह क्या करे और इस बच्चे को चुप कैसे कराए। बच्चे पर उसे तरस भी आ रहा था। "रोओ मत! तुम्हारी दादी ठीक हो जाएंगी। तुम्हारे मां-बाप जल्दी ही अस्पताल से वापस आ जाएंगे," प्रदीप ने कहा।

"पर बापू ने तो कहा था कि वो मुझे फुलझड़ियां और पटाखे ले देंगे, मिठाई भी ले देंगे," छोटू ने रोते हुए कहा, "सभी बच्चे नए कपड़े पहनकर दीये जला रहे हैं। मेरे पास कुछ भी नहीं है और मुझे भूख भी लग रही है।"

प्रदीप को एक धक्का-सा महसूस हुआ। उसके पास सभी कुछ था—बल्कि जरूरत से ज्यादा ही था और इस बच्चे के पास कुछ भी नहीं। दीवाली की उस रात जब सारी दुनिया खुशी मना रही थी तब यह बच्चा भूखा खड़ा था। प्रदीप ने सामने आकर उसकी पीठ पर हाथ रखा। "रोते नहीं छोटू। चलो, मैं तुम्हें फुलझड़ियां और मशाल देता हूं।"

"सच?" छोटू की आंखें चमक उठीं।

"हां सच! पर उसके पहले चलो अंदर चलते हैं और देखते हैं कि खाने के लिए क्या है।"

"आप सचमुच मुझे मिठाई खाने के लिए देंगे?" छोटू को जैसे

प्रदीप की बात पर विश्वास ही नहीं हो रहा था।

"जरूर दूंगा। अंदर तो चलो।"

प्रदीप ने छोटू को अंदर ले जाकर बहुत सारी मिठाइयां दीं। कई तरह के नमकीन, कचौड़ी, समोसे रखे थे। वह सब भी निकालकर उसे दे दिए। छोटू जमीन पर पैर फैलाकर आराम से बैठ गया और खाने लगा। उसे बहुत जोर से भूख लगी थी। प्रदीप ने अलमारी खोलकर अपनी एक रंगीन टी-शर्ट निकाली और छोटू को पहना दी। शर्ट बहुत ढीली थी, छोटू के घुटने तक आ गई। पर उसकी आंखों में खुशी की वह चमक थी जिसे देखकर प्रदीप की आंखें भर आईं। किसी और को खुशी देने में इतना आनंद मिल सकता है इस बात को उसने पहले कभी महसूस नहीं किया था।

"चलो, अब फुलझड़ियां जलाते हैं।" प्रदीप छोटू को बरामदे में ले गया और उसके हाथ में एक जलती हुई मशाल पकड़ा दी। मशाल से रंग-बिरंगी चिनगारियां निकल रही थीं। छोटू खुशी से खिलखिलाकर हँस रहा था।

अचानक प्रदीप के कानों में दादी मां का स्वर गूंज उठा, "दीपू बेटे, दीवाली का सच्चा अर्थ है औरों के दिलों में खुशियों के दीये जलाना!" न जाने कितनी बार वह इस बात को कहा करती थीं। प्रदीप को लगा कि जीवन में पहली बार उसे 'दीवाली' के सच्चे अर्थ का एहसास हुआ है।

स्वर्ण पदक

आज राहुल बहुत खुश था। उसकी खुशी का कारण अपनी सफलता तो थी ही, साथ ही साथ एक और बात थी, जो उसकी धड़कनों को तेज कर रही थी। इस समय वह रंगमंच के पास ही विजेताओं के बीच बैठा हुआ था। राहुल की आंखों के सामने कमल का उतरा हुआ उदास चेहरा आ रहा था। अब पता लगेगा बच्चू को कि हारने का दुख क्या होता है। जब निदेशक महोदय राहुल को इस वर्ष का सर्वश्रेष्ठ खिलाड़ी घोषित करके उसे स्वर्ण-पदक पहनाएंगे तो कमल जरूर ही लज्जा और अपमान से तिलमिला उठेगा। आज राहुल को तालियों की गड़गड़ाहट के बीच वह सम्मान मिलेगा, जिसके लिए वह पिछले कई वर्षों से तरसता रहा है, और जो हमेशा कमल के हाथ लगता रहा है। किंतु इस विषय में वह और किसी से कुछ नहीं कह सकता था क्योंकि दुनिया की नजरों में वह और कमल आज भी पक्के दोस्त थे।

"हलो राहुल!" वह कमल की आवाज सुनकर चौंक उठा।

"हलो कमल! क्या हाल है?" उसकी आवाज में व्यंग का पुट था।

“आज तो मैं बहुत ही खुश हूं, राहुल! तुमने तो इस बार वह करके दिखा दिया, जिसकी किसी को जरा उम्मीद नहीं थी। क्या खेल खेला था तुमने। मेरे तो पसीने ही छूट गए थे।” कमल ने हँसते हुए कहा तो राहुल को लगा मानो कमल की हँसी खोखली हो और उसकी प्रशंसा मात्र दिखावा हो।

तभी निदेशक महोदय आए। सभी ने अपने-अपने स्थान पर खड़े होकर उनका स्वागत किया। स्वागत-भाषण के बाद सांस्कृतिक कार्यक्रमों का क्रम शुरू हुआ।

किंतु राहुल तो इन सबसे बेखबर बैठा था। उसका ध्यान तो अतीत में था। उसे अच्छी तरह याद है कि पिछले कई वर्षों में वह हमेशा ही टेबल टेनिस प्रतियोगिता के फाइनल में पहुंचकर अपने मित्र कमल से हारता था। किंतु इस हार जीत का कोई प्रभाव उनकी दोस्ती पर कभी नहीं पड़ा था। दोनों ही अपने-अपने इनाम लेकर इकट्ठे ही खुशी-खुशी हॉल से बाहर निकलते थे।

पिछले वर्ष जब वह फाइनल खेलकर वापस लौट रहा था तो कुछ उदास-सा था, क्योंकि उस दिन जब वह मैच शुरू होने से पहले अभ्यास कर रहा था तो कमल ने हँसते हुए कहा था, “यार राहुल, छोड़ो भी यह सब। तुम तो जानते हो कि ‘स्वर्ण-पदक’ मेरा है और ‘रजत-पदक’ तुम्हारा। मेरे साथ खेलकर तुम स्वर्ण-पदक तो ले नहीं सकते।”

राहुल जानता था कि कमल के सामने उसका खेल हलका था। फिर भी कमल की निश्छल, बातों में उसे अहंकार की बू आई। राहुल के मन में ईर्ष्या और द्वेष की भावना पैदा हो चुकी थी। ऊपर से तो वह हँसता रहा, किंतु मन ही मन कमल से चिढ़ गया था।

इन्हीं ख्यालों में डूबा हुआ राहुल जा रहा था कि तभी उसने सुना एक लड़का दूसरे से कह रहा था, “अरे, आज तो राहुल भी काफी अच्छा खेला था।”

"सो तो है, लेकिन एक बात पक्की है। वह यह कि राहुल सात जन्म भी लगा रहे न, तो भी कमल को नहीं हरा सकता।"

तीसरी आवाज, "कमल आखिर कमल है! यह राहुल बेचारा क्या खाकर करेगा उसकी बराबरी।"

और राहुल को लगा था मानों कोई उसे भरी सभा में अपमानित कर रहा है। और कोई समय होता तो वह इन शब्दों में छिपी कमल की प्रशंसा सुनकर खुश हो जाता, किंतु आज तो इनका प्रभाव उसके दिल पर तीरों की चुभन-सा हो रहा था। उसे लगा मानो इसमें कमल का ही हाथ हो। जरूर वही चारों तरफ डींग मारता फिरता है। और...उसने मन ही मन यह प्रण कर लिया कि कुछ भी क्यों न हो, वह अगले वर्ष कमल को अवश्य ही हराएगा और उसके गर्व को चूर-चूर कर देगा।

तभी हॉल में होने वाली तालियों की गड़गड़ाहट उसे वर्तमान में खींच लाई। निदेशक महोदय मंच पर पहुंच चुके थे और पुरस्कार वितरण शुरू हो गया था। वह तनिक ठीक से बैठ गया। जब उसका नाम पुकारा गया तो वह थोड़ा तनकर मुस्कराता हुआ उठा और एक विचित्र-सी दृष्टि कमल पर डालकर मंच की ओर बढ़ चला। निदेशक महोदय के ये शब्द सुनकर उसे अत्यंत प्रसन्नता हुई कि इतने वर्षों में कमल की बराबरी का कोई खिलाड़ी आगे आया है और अब हमारे शहर में ऐसे दो खिलाड़ी हैं, जो मिलकर राष्ट्रीय स्तर की प्रतियोगिताओं में भी भाग ले सकेंगे। करतल-ध्वनि के बीच उन्होंने उसे स्वर्ण-पदक पहनाया तो उसे लगा मानो उसके जीवन की एक बहुत बड़ी साध पूरी हो गई थी। समारोह समाप्त हुआ और राहुल सबकी बधाई स्वीकार करता हुआ हॉल से बाहर निकला तो कमल ने आकर उसे गले लगा लिया। गले लगे-लगे उसने फोटो खिंचवाया। फिर उसने सभी के सामने राहुल के खेल की बहुत प्रशंसा भी की। उसके इस निष्कपट, छलरहित व्यवहार ने

राहुल के मन की सारी कालिमा धो दी। उसे अपने ओछेपन पर पश्चात्ताप होने लगा। उसे यूं लगा मानो कमल के सामने उसका व्यक्तित्व सिमटकर बहुत ही छोटा हो गया हो। उसकी आंखों में आंसू छलक आए और वह सभी से नजर बचाकर अपने घर की ओर जल्दी-जल्दी कदम बढ़ाने लगा।

उसका मन उसे धिक्कार रहा था क्योंकि जब मैच होनेवाला था तो उससे कुछ ही मिनट पहले उसने चुपके से कमल के बैट के हत्थे को चिकना कर दिया था, ताकि कमल उसे मजबूती से न पकड़ पाए। तभी तो वह मैच में विजय प्राप्त कर सका था। वरना कमल से जीतना तो आज भी उसके बस की बात नहीं थी। इसी उधेड़-बुन में लगा राहुल अकेला ही चलता जा रहा था। उसकी सारी खुशी न जाने कहां गायब हो चुकी थी।

तभी कमल ने उसके कंधे पर हाथ रखकर उसे चौंका दिया, "क्यों यार! आज हमारा साथ ही छोड़ दिया तुमने। क्या तुम्हें डर है कि मैं तुम्हारा स्वर्ण-पदक छीन लूंगा?"

"नहीं कमल, यह बात नहीं थी। रही स्वर्ण-पदक की बात, सो इसके असली हकदार तो तुम्हीं हो, कमल। मैं इसका उचित अधिकारी नहीं हूं।" उसका गला रुंध गया। "कमल, तुम नहीं जानते कि मैंने इसे पाने के लालच में आज क्या किया है।"

"मुझे सब मालूम है, राहुल। लेकिन ऐसी छोटी-मोटी बातों के पीछे दोस्ती थोड़े ही छोड़ देंगे हम।"

राहुल ने देखा कमल की आंखों में स्नेह और प्यार के अलावा और कुछ नहीं था।

"कमल, क्या तुम्हें मालूम हैं कि मैंने तुम्हारे बैट..."

"हां बाबा, हां! लेकिन तुम दुखी क्यों होते हो? मैं तो उस बैट से खेला ही नहीं था। मैं तो दूसरे बैट से खेला था।" और इतना कहकर कमल ने अपने बैग से दो बैट निकालकर राहुल को दिखाए।

"तो क्या तुम जान-बूझकर मुझसे हार गए थे?"

उत्तर में कमल ने मुस्कराकर बस इतना ही कहा, "कभी-कभी दोस्ती की इज्जत रखने के लिए ऐसा भी करना पड़ता है। और फिर मैं हारा ही क़हां हूं? मैंने तो स्वर्ण-पदक के साथ अपने दोस्त को भी पा लिया है।

और कमल की हँसी में एक और हँसी शामिल हो गई—राहुल की हँसी। राहुल, जिसके होंठों पर हँसी थी और आंखों से आंसू बह रहे थे। वे आंसू, जो गंगाजल की तरह उसके मन के रहे-सहे मैल को भी धो चुके थे। आज वह समझ चुका था कि मित्रता वह वृक्ष है, जिसकी जड़ें त्याग और बड़प्पन से भरे मानव-मन की धरती में दूर-दूर तक फैल जाती हैं और जिसमें स्नेह के फल लगते हैं।

कमल ने उसके आंसू पोंछकर उसे गले से लगा लिया और उसके हाथ से लेकर चूम लिया उस 'स्वर्ण पदक' को, जो उनकी दोस्ती में दरार डालने और फिर स्वयं ही उसको दोबारा से दृढ़ बनाने का सबसे प्रमुख कारण बना था।

मिनी हिन्दुस्तान

एक दिन शाम को जब संकेत स्कूल से लौटा तो बड़ा खुश था। आज उसका अर्धवार्षिक परीक्षा-फल मिला था। पूरी कक्षा में प्रथम आया था वह। मारे खुशी के वह फूला न समा रहा था। उसने अपना परीक्षा-फल अपनी मां को दिखाते हुए कहा, "पूरी कक्षा में प्रथम आया हूं। मास्टर साहब कह रहे थे कि मेहनत से पढ़ते रहो तो बोर्ड की परीक्षा में भी प्रथम आओगे।"

संकेत की पढ़ाई का सिलसिला जोरों से चल रहा था। उसकी कक्षा के तीन छात्र जसविन्दर, उस्मान और डगलस भी पढ़ने में किसी से कम न थे। संकेत की इन तीनों से खूब पटती थी।

एक दिन खाने की छुट्टी में संकेत और उसके तीनों साथी खाना खा ही रहे थे कि तभी घंटी बज गई। पांचवां घंटा शुरू होने जा रहा था। चारों छात्र स्कूल की पानी की टंकी पर पानी पीने दौड़ पड़े। मास्टर साहब हाजिरी लेने कक्षा की ओर जा रहे थे। प्रधानाचार्या मिस मैसी राउंड पर थीं। बड़े तेज स्वभाव की अनुशासनप्रिय महिला थीं। छात्र-छात्राएं सब उनसे डरते थे। उन्हें

आता हुआ देखकर चारों साथी टंकी से कूदकर कक्षा की ओर भागे, परन्तु दुर्भाग्य से संकेत का पांव फिसल गया। वह गिर पड़ा। साथियों ने उसे उठाया तो उसका पैर उठा ही नहीं। असहनीय दर्द से वह तड़प उठा।

तभी मिस मैसी वहां आ पहुंचीं। वह संकेत को लेकर स्कूल की गाड़ी से अस्पताल पहुंचीं।

डॉ. नन्दू ने देखा कि पैर की हड्डी टूटी है। उन्होंने हड्डी जोड़कर उस पर प्लास्टर चढ़ा दिया और उसे दो महीने तक आराम करने की सलाह देकर छुट्टी कर दी। मिस मैसी गाड़ी से संकेत को उसके घर छोड़ गईं।

संकेत की मम्मी उसे देखकर घबराहट में रोने लगीं, पर मिस मैसी के धीरज बंधाने पर वह सामान्य हो गईं। अनुशासन के विषय में छात्र-छात्राओं के लिए वह जितनी कठोर व रोबदार थीं, हृदय से उतनी ही सरल और दयालु भी थीं। संकेत के पिताजी को भी कम दुख न हुआ।

संकेत भी दुखी होकर बिस्तर पर पड़े-पड़े कह रहा था, "पिताजी, अब मैं परीक्षा में प्रथम कैसे आ सकूंगा?"

संकेत के माता-पिता उसे धैर्य बंधाते। उसकी प्रधानाचार्या मिस मैसी भी स्कूल के बाद शाम को दस मिनट को ही सही, उससे मिलने व उसे हिम्मत बंधाने जरूर आती थीं।

परन्तु संकेत दो महीने तक स्कूल नहीं जा सकता था। उसकी पढ़ाई का नुकसान तो हो ही रहा था। उसे यह शंका हो रही थी कि अब जसविन्दर, उस्मान और डगलस मेहनत करके पहला स्थान मार ले जाएंगे।

एक दिन ये तीनों साथी अपने मित्र संकेत से मिलने घर आए। संकेत उनसे मिलकर रो पड़ा। पढ़ाई की चिंता उसे निरंतर खाए जा रही थी।

जसविन्दर बोला, "क्यों घबराता है संकेत? गणित में मुझसे अच्छा विद्यार्थी कक्षा में कोई है ही नहीं। तुम्हारा गणित का काम मैं पूरा करा दूंगा। वाहे गुरु पर भरोसा रखो!"

उस्मान भी हिम्मत बंधाते हुए बोला, "खुदा पर भरोसा रखो संकेत! विज्ञान का काम मैं पूरा करा दूंगा।"

तभी डगलस बोला, "और रही बात अंगरेजी की, तो अंगरेजी में पूरी कक्षा मेरा लोहा मानती है। अंगरेजी का काम मैं पूरा करा दूंगा। यीशु पर भरोसा करो! हम चर्च में प्रार्थना करेंगे कि परमेश्वर तुम्हें चंगा करे और पढ़ाई में प्रथम स्थान दिलाए!"

तीनों मित्रों द्वारा हिम्मत बंधाने से उसकी जान में जान आई। अब संकेत के ये तीनों मित्र प्रतिदिन उसके घर आकर पढ़ाई में सहायता करने लगे। मिस मैसी ने भी जसविन्दर, उस्मान और डगलस को प्रेरित किया कि वे संकेत की सहायता करें।

धीरे-धीरे बिस्तर पर पड़े रहने के मुसीबत भरे ये दो महीने बीत गए। संकेत के पैर का प्लास्टर कट चुका था। परीक्षा में केवल दस दिन रह गए थे।

उस्मान, जसविन्दर और डगलस ने संकेत के साथ मिल-बैठकर सामूहिक पढ़ाई का कार्यक्रम बना लिया। संकेत भी अकेले में बैठकर सोचता कि उसके ये तीनों मित्र कितने निःस्वार्थ और परोपकारी हैं। यदि ये चाहते तो मेहनत करके स्वयं प्रथम आ सकते थे, परंतु उन्होंने अपनी चिंता न करके मेरा साथ दिया। सचमुच ऐसे मित्र धन्य हैं!

निश्चित तिथि से परीक्षाएं प्रारंभ हो गईं। अपने मित्रों की सहायता के कारण उसे कोई दिक्कत न हुई। उसके सभी प्रश्न-पत्र अच्छे होते गए।

परीक्षा समाप्त होने पर चारों साथी हर वर्ष की भांति गेंद-बल्ला लेकर क्रिकेट का अभ्यास करने में जुट गए। अच्छी-अच्छी देशभक्ति

की फिल्में देखीं और घूमने-फिरने का आनंद लिया।

आखिर परीक्षा परिणाम वाला दिन भी आ गया। शहर के सारे बच्चे अखबार की प्रतीक्षा में थे। इंतजार करने का भी अपना अलग ही मजा होता है। खैर, अखबार आया, परिणाम देखा गया। संकेत ने अपने साथियों का परीक्षाफल देखा। वे सब प्रथम श्रेणी की सूची में थे। तभी संकेत के पिताजी ने हाथ से अखबार छीन लिया। उन्होंने एक ही नजर में संकेत का रोल नंबर देख लिया और खुश होते हुए बोले, "अरे संकेत, तुमने तो कमाल कर दिखाया! तुम्हारा नाम तो विशेष योग्यता सूची में भी है!"

संकेत बोला, "पिताजी, ये सब कमाल तो मेरे दोस्तों का है, जिन्होंने बीमारी की हालत में मेरी सहायता की।"

तब तक उस्मान, जसविन्दर और डगलस भी उसे बधाई देने आ पहुंचे। संकेत ने उन सबको गले से लगा लिया और उन्हें बढ़िया आइसक्रीम खिलाई।

स्कूल खुलने पर जब संकेत को अंक-पत्र मिला तो उसे ज्ञात हुआ कि वह जिले में भी प्रथम आया है। मिस मैसी ने उसे प्रशंसा भरे शब्दों के साथ बधाई दी। संकेत को लगा कि उसके पिताजी की बात भी सच्ची निकली।

विद्यालय के वार्षिक समारोह में शिक्षा मंत्री मुख्य अतिथि थे। सांस्कृतिक कार्यक्रम के पश्चात् पुरस्कार वितरण संपन्न होना था। मिस मैसी ने अपने भाषण में बताया कि किस प्रकार उस्मान, जसविन्दर और डगलस के सहयोग से संकेत न केवल जिले में प्रथम आया, अपितु विशेष योग्यता की सूची में भी उसे स्थान मिला।

शिक्षा मंत्री ने संकेत को पुरस्कृत करने के उपरांत अपने भाषण में कहा, "निश्चय ही हमारे देश में हिंदू, मुसलमान, सिक्ख और ईसाई आपस में भाई-भाई की तरह रहते हैं। जिस देश में संकेत, उस्मान, जसविन्दर और डगलस जैसे बच्चे एक दूसरे के सुख-दुख में

सहभागी हैं, उस देश की राष्ट्रीय एकता को कोई खतरा नहीं हो सकता और मुझे तो यहां इन बच्चों के रूप में एक मिनी हिन्दुस्तान के दर्शन हुए, जिसकी एकता की नींव गहरी...बहुत गहरी...और बहुत मजबूत है। मैं ऐसे बच्चों का अभिनंदन करता हूं!"

सभा-मण्डप में तालियां गूंज उठीं। मिस मैसी ने चारों बच्चों को गले से लगा लिया। शायद यह उनकी भी सबसे बड़ी सफलता थी।

वेरूला

इस वर्ष 'बहादुर बच्चों' का पुरस्कार लेने वेरूला भी आई थी। सत्रह अन्य बच्चों के साथ उसे भी चुना गया था।

गरीब मछुआरा कमरुख आठ साल की वेरूला को लेकर सरकारी बुलावे पर सुंदरवन के पेरू गांव से दिल्ली आया था। उसे और वेरूला को इतना बड़ा शहर देखकर डर लग रहा था। इतनी बड़ी-बड़ी इमारतें, चौड़ी और लंबी सड़कें, उन पर भागती कारें और सजे-संवरे लोगों को देखकर वे दोनों आश्चर्यचकित थे।

वेरूला को महिलाओं की एक समाजसेवी संस्था ने नए कपड़े दिए थे। उन्हें पहनकर वह प्रधानमंत्री के निवासस्थान पर आई हुई थी। सभी की दृष्टि उसके हाथों पर थी। कुछ पत्रकार फोटो खींच रहे थे, कुछ तरह-तरह के सवाल पूछ रहे थे।

वेरूला को ठीक से हिंदी बोलना नहीं आता था, इसलिए कमरुख ही लोगों के सवालों के जवाब दे रहा था।

कुछ महिलाओं ने वेरूला से पूछा, "बेटी, तुम्हारा हाथ क्या बचपन से ऐसा है?"

वेरूला ने गरदन हिलाई। हाथ उठाकर दिखाया...एक हाथ की पूरी हथेली और एक हाथ की तीन चौथाई हथेली थी ही नहीं। देखने वालों के रोंगटे खड़े हो गए।

"ऐसा कैसे हुआ गोसाईं जी?" एक पत्रकार ने पूछा।

"जी, दो साल पहले मगर ने मेरी बेटी की दोनों हथेलियां चबा डाली थीं।"

"क्या? हथेली चबा डाली?"

"क्यों?"

"कैसे?"

चारों ओर से प्रश्नों की झड़ी लग गई।

"जी, हम सुंदरवन में कई पुश्तों से रहते आ रहे हैं। मछली मारना ही हमारा पेशा है। सुंदरवन बाघों के लिए मशहूर है यह तो आप जानते होंगे, लेकिन वहां बहती नदी में आदमखोर मगरमच्छ भी हैं, यह बात कम ही लोगों को पता है।"

"मगर ने इसे क्यों पकड़ा?"

"हम गरीब लोग पेट की खातिर इन छोटे-छोटे बच्चों से भी जोखिम भरे काम करवाते हैं, साहब! उस दिन यह मेरे साथ मछली मारने में मेरी मदद करने गई थी। मेरी जान बचाने में, अपनी जान की बाजी लगा बैठी मेरी बच्ची!" यह बात कहते-कहते कमरुख का गला भर आया।

सबकी निगाहें फिर उन नन्हे हाथों पर जा टिकीं।

कमरुख थोड़ा रुककर कहने लगा, "दो साल पुरानी बात है। नदी चढ़ी हुई थी। मौसम बहुत खराब था। पानी बरस रहा था, साथ ही ठंडी हवा चल रही थी। पर हमें तो मछली मारने जाना ही था।

"लेकिन उस दिन न जाने क्यों मछली मारने के लिए जाने को मेरा जी नहीं कर रहा था। बड़ा बेटा धीरू पानी में भीगकर बीमार पड़ गया था। हम गरीब हैं सो पानी में खड़े होकर मछली पकड़ते

हैं। जिनके पास नावें हैं, वे नाव पर बैठकर मछली पकड़ते हैं। दूर चले जाते हैं और काफी मछली मार लाते हैं। उनकी कमाई भी अच्छी है। चाहते हैं तो एक-आध रोज नागा भी कर लेते हैं। लेकिन हमें तो रोज ही जाना पड़ता है। सारे दिन खड़े रहने पर जो दो-चार किलो मछली मिलती है, वही बेचकर किसी तरह से चार जनों का पेट पलता है।"

"तो उस दिन आप अकेले गए होंगे गोसाईंजी?" किसी ने पूछा।

"नहीं भाई, अकेले मछली मारने कोई नहीं जाता है। एक जना नाइलॉन का झोलेनुमा जाल पानी में डालकर खड़ा रहता है और दूसरा जना पीछे की तरफ मुंह किए मगरमच्छ भगाने के लिए डंडे से पानी पीटता रहता है।" दो मिनट सांस लेने के लिए रुका कमरुख। फिर कहने लगा, "उस दिन जब धीरू न जा सका तो उसकी मां बोली, 'वेरूला को ले जाओ, मगर भगाएगी।' पास खेल रही छह साल की छोटी-सी वेरू को देखकर मेरे मन में ममता उमड़ आई। इतनी-सी बच्ची पानी में भीगेगी? पानी में खड़ी रहेगी तो आज ही बीमार पड़ जाएगी। फिर कद छोटा होने की वजह से पानी में ज्यादा दूर तक जा भी तो नहीं सकेगी।

"मां की बात सुनकर वेरू खुशी से उछलने लगी। वह तो रोज ही साथ जाने की जिद करती थी, आज उसे मौका मिल गया था। मैंने हालांकि उसकी मां से साफ मना कर दिया था कि वेरू को नहीं ले जाऊंगा। पर जब पत्नी ने कहा कि मछली न लाए तो आज चूल्हा नहीं जलेगा तो मेरा मन बैठ गया।

"थोड़ी देर बाद निराशभाव से मैंने जाल उठाया, डंडा संभाला और वेरूला का हाथ पकड़कर नदी की ओर चल दिया। पानी बरस रहा था। उस दिन बहाव भी तेज था। चारों ओर अजीब-सी टप टप की आवाज आ रही थी। पेड़ों की जो डालें पानी को छू रही थीं, पानी की तेज धार के कारण उनसे सर-सर की आवाज आ रही

थी। तेज हवा और ठंडा पानी...हमारे तो ठंड से रोंगटे खड़े हो गए। तन के कपड़े भीग चुके थे।

"मैंने चारों तरफ नजरें दौड़ाकर देखा, कहीं एक प्राणी नहीं दिखाई दिया। वेरूला की तरफ देखकर मैं बोला, तेरी मां ने हमें जबरदस्ती भेज दिया...देख, कोई नहीं आया है। मौसम कितना खराब हो रहा है।

"मुंह पर से बहता पानी पोंछते हुए वेरू ने मुझे याद दिलाया कि मां बोली थी न कि रात खाना नहीं पकेगा अगर...

"बोली तो थी, लेकिन इस मौसम में मछली शायद ही मिले। अच्छा देखता हूं, कहकर मैं जाल लेकर धीरे-धीरे पानी में उतरने लगा। वेरू भी पीछे-पीछे उतरी, लेकिन दस कदम भी नहीं बढ़ सकी। पानी उसकी कमर तक था। मैंने उससे कहा कि तू यहीं से डंडा चलाना...मैं आगे जाता हूं। मैं कमर तक पानी में जाकर खड़ा हो गया। पीछे मुड़कर देखा, वेरू पानी पर डंडा छपछपा रही थी।

"इसी तरह एक घंटा बीत गया। बारिश तेज हो गई थी। पानी में खड़े-खड़े हम दोनों के दांत बजने लगे। लेकिन मैं मुश्किल से डेढ़ किलो मछली ही पकड़ पाया था। वह भी छोटी मछलियां—पोना, बाटा, खैरा। मैंने चिल्लाकर वेरू से कहा...बहुत थोड़ी मछली जाल में फंसी हैं। घंटा भर और देखते हैं, शायद कुछ और पकड़ पाएं। तू सावधान रहना। बाघ भी पीछे से आ सकता है। अपनी जगह पर चक्कर लगाती रहना। डंडा भी घुमा-घुमाकर पीटना, वेरू!"

"लेकिन, बापू! पानी बढ़कर मेरी छाती तक हो गया है।"

"तो तू किनारे की तरफ खिसक जा...संभलकर...पांव न फिसले अच्छा! कहते हुए मैंने अपना ध्यान मछली की ओर लगाया।

"पांच मिनट ही बीते होंगे कि वेरूला की भयंकर चीख सुनकर चौंक पड़ा। पहले तो सोचा कि तेज धार की वजह से पांव उखड़ गए होंगे। लेकिन बाद में लगा, वेरूला बांस को पकड़कर खींच रही

है और उसके हाथ के पास का पानी लाल हो गया है।

"मै तुरंत समझ गया कि मगर ने वेरू का हाथ पकड़ लिया है। मैं मुंह से हट-हट की आवाज निकालता हुआ उधर दौड़ पड़ा। चिल्लाने लगा—डंडा छोड़ दे वेरू...अपना हाथ छुड़ा ले बेटी...मैं आ रहा हूं।

"मेरी समझ में नहीं आ रहा था कि क्या करूं? मैंने अपना जाल लगा बांस मगर पर फेंककर मारा, पर तेज हवा के कारण बांस वहीं रह गया। मैं तैरकर वेरू की ओर बढ़ने लगा। बेटी मेरी चिल्लाती जा रही थी।

मुझे आता देख उस शैतान मगर ने पूंछ से पानी में एक झपट्टा मारा और वेरू को खींचते हुए चल दिया।

डर के मारे मेरे मुंह से चीख निकल गई। मैं और तेज तैरने की कोशिश करने लगा। मुंह से भी तरह-तरह की आवाजें निकालने लगा ताकि मगर वेरू का हाथ छोड़ दे। ठंड और डर के मारे मेरे हाथ-पांव चल ही नहीं रहे थे। उधर मगर था कि सरसराता हुआ आगे भाग रहा था।

बड़ी मुश्किल से मैं चिल्लाते-चिल्लाते चुप हो गई वेरू के पीछे पहुंच गया। मेरी पकड़ में उसके पांव आ गए, जिन्हें पकड़कर मैंने उसे घसीट लिया। एक दिल को कंपा देने वाली चीख के साथ वेरू के हाथ मगर के मुंह से छूट गए। बेहोश वेरू को मैंने उठा लिया। मेरी बच्ची की दोनों हथेलियां वह शैतान चबा गया था, साहब!"

सारा किस्सा सुनाते-सुनाते जाने कितनी बार आंसू पोंछे थे कमरुख ने। सारे हॉल में सन्नाटा छाया था। इस मर्मस्पर्शी घटना का वर्णन सुनकर सब की आंखें नम हो चली थीं!

"बड़ी मुश्किल से घाव सूखे थे इसके," कमरुख संभलकर बोला।

"बेचारी!" पास खड़ी एक महिला बोलीं तो कमरुख मुस्कराकर बोला, "पर आप लोग इसे कम न समझिए। इन्हीं हाथों से ऐसा

डंडा चलाती है कि देखने वाले दंग रह जाते हैं। घर का सारा काम करवाने में मां की मदद भी करती है।"

"अच्छा!"

"जी हां, इसी ने तो अपने भाई धीरू को बचाने के लिए बाघ पर डंडा फेंककर मारा था...इसी बात का तो इनाम दिया जा रहा है वेरूला को!" हँसकर कमरूख ने वेरूला को अपने से सटा लिया।

"जरा यह किस्सा भी सुनाइए गोसाईंजी," वही पत्रकार बोला।

"हुआ यह था कि घर के सामने बैठा धीरू जाल की मरम्मत कर रहा था। उसकी पीठ जंगल की तरफ थी। किसी काम से वेरू घर से बाहर आने लगी, लेकिन दरवाजे के पास ही ठिठककर खड़ी हो गई। भाई को सावधान करना चाहा पर गले से आवाज नहीं निकली। धीरू के पीछे, थोड़ी दूर पर एक बाघ उस पर हमला करने के लिए तैयार बैठा था।

एकाएक वेरू संभली, दरवाजे के पीछे रखा मोटा सोंटा उठाया और पूरी ताकत लगाकर बाघ पर फेंककर मारा। साथ ही चिल्लाई, 'भैया, पीछे बाघ है!'

अचानक सोंटा सिर पर आ पड़ा तो बाघ घबड़ाकर भाग खड़ा हुआ। जब वह दहाड़ता हुआ जंगल की ओर भागा तब धीरू की समझ में सारी बात आई। उसने बहन को गोद में उठा लिया। वेरूला ने कभी भी हथेली की कमी महसूस ही नहीं की...हमें तो इस पर बड़ा नाज है, साहब!"

"नाज तो होना ही चाहिए। कुल आठ साल की लड़की और इसके बहादुरी के इतने कारनामे! हमें भी वेरूला पर नाज है!" महिला समिति की अध्यक्ष बोलीं।

एक अन्य समाजसेवी महिला ने वेरू के सिर पर प्यार से हाथ फेरते हुए पूछा, "तुम पढ़ोगी वेरूला? हम तुम्हारी पढ़ाई का सारा खर्च उठाएंगे।"

शरमाकर अपनी टूटी-फूटी हिंदी में वेरूला बोली, “पोढ़ती हूं... कोकछा दो में।”

“हां, यह दूसरे दर्जे में पढ़ती है। एक सरकारी स्कूल है दस गांवों के बीच...वहीं।”

“सचमुच, तुम्हारी बेटी है ही नाज करने के लायक! बड़ी होकर बड़ा नाम करेगी वेरूला!” अध्यक्ष ने गद्गद होकर कहा।

इतनी तारीफ सुनकर वेरूला ने शरमाकर कमरुख की गोद में मुंह छिपा लिया।

शेर के बच्चे

आदित्य को नदियों, जंगलों, व पहाड़ों और सभी प्रकार के जीव-जंतुओं से बहुत प्यार था। उसके बंगले में कुत्ते, बिल्ली, खरगोश के अलावा, तरह-तरह के पक्षी भी पले हुए थे, जिन्हें वह अपने बच्चों की तरह चाहता था। अजय और विजय स्कूल से लौटने के बाद दिन भर इन्हीं जानवरों के साथ खेलते रहते थे।

आदित्य वन विभाग में उप वन-संरक्षक था। उसने अपनी छोटी-सी जिंदगी में जंगली जीवन को बहुत अच्छी तरह समझा था। उसे जंगलों में रहने वाले आदिवासियों और खतरनाक जंगली जानवरों का साथ बहुत पसंद था। आदित्य जंगली जानवरों के शिकार का बहुत विरोधी था। अगर कभी जंगल में शिकारी पकड़े जाते तो वह उन्हें कड़ा दंड देता। उसने अपने अधीनस्थ अधिकारियों को भी शिकार न करने के स्पष्ट निर्देश दिए हुए थे।

एक दिन प्रातः वह अपने बंगले में बैठा चाय पी रहा था। सामने ताजा समाचार-पत्र पड़ा था। तभी उसके नौकर ने महेन्द्र के आने की खबर दी। महेन्द्र उसका अधीनस्थ रेंजर था तथा उसके समान

विचारों वाला बहुत ही ईमानदार अधिकारी था।

महेन्द्र ने आते ही उसके हाथ में एक लिफाफा रख दिया। आदित्य ने नौकर को महेन्द्र के लिए चाय लाने को कहा और लिफाफा फाड़कर पत्र पढ़ने लगा। उसका चेहरा गंभीर था।

पत्र मुख्य वन संरक्षक का था, जिसमें रामनगर की एक शेरनी को जीवित या मृत पकड़ने के निर्देश थे। रामनगर का जंगल उसी के क्षेत्र में आता था और महेन्द्र उसी क्षेत्र में रेंजर था।

दोनों मित्र देर तक विचार-विमर्श करते रहे। वे शेरनी को मारने के पक्ष में नहीं थे, किंतु रामनगर की आदमखोर शेरनी के विषय में कई बार समाचारपत्रों में छप चुका था। शेरनी अब तक तेरह व्यक्तियों की जानें ले चुकी थी। आदित्य जानता था कि शेरनी को आदमखोर बनाने में किसी शिकारी का हाथ अवश्य रहा होगा। शेरनी जब घायल हो जाती है और मरती नहीं, तो वह आदमखोर हो जाती है।

अंत में दोनों मित्रों ने तय किया कि वे अगले ही दिन शेरनी की तलाश में निकलेंगे।

दूसरे दिन आदित्य और महेन्द्र एक जीप पर सवार होकर रामनगर की ओर चल पड़े। आदित्य के पास एक विशेष प्रकार की बंदूक थी। इसमें से गोली के बदले बेहोशी की दवा वाली सूई निकलती थी और इससे कोई जानवर मरता नहीं था बल्कि बेहोश हो जाता था। महेन्द्र ने अपनी बारह बोर की बंदूक सुरक्षा की दृष्टि से साथ रख ली थी।

शाम तक वे रामनगर वन विभाग के विश्रामगृह पहुंच गए। आदित्य रामनगर के हरे-भरे जंगल की सुंदरता में खोया हुआ था। एक कच्ची सड़क जंगल के भीतर जाती थी, जिस पर जीप आसानी से जा सकती थी। सड़क के दोनों ओर घने जंगल थे।

आदित्य जंगल के उस भाग में पहुंचा जहां आदिवासियों के चार-

पांच छोटे-छोटे गांव थे। आदित्य के पहुंचते ही आदिवासियों ने उसे घेर लिया। सभी अपना-अपना दुख रो रहे थे। एक वृद्धा फूट-फूटकर रो रही थी। एक दिन पहले ही शेरनी उसके जवान बेटे को मारकर खा गई थी। वृद्धा के निकट ही उसकी बहू बेहाल पड़ी थी। आदित्य ने सभी की बातें बड़े ध्यान से सुनीं और उनको सांत्वना देकर विश्रामगृह वापस आ गया।

आदित्य को रामनगर के जंगलों में सात दिन हो चुके थे, किंतु शेरनी उसके हाथ नहीं आई थी। उसे जैसे ही शेरनी की उपस्थिति की सूचना मिलती, वह पहुंच जाता; किंतु शेरनी बहुत चालाक थी। वह उसके पहुंचने के पहले ही गायब हो जाती थी।

शाम के पांच बज रहे थे, आदित्य चाय पीकर उठा ही था कि चार-पांच ग्रामीण आ गए। उनकी सूचना के अनुसार शेरनी विश्रामगृह से मात्र पांच-छह किलोमीटर की दूरी पर थी।

आदित्य ने तुरंत अपनी बंदूक उठाई और उन्हीं ग्रामीणों को जीप में साथ लेकर चल पड़ा। ग्रामीणजन उसका मार्गदर्शन कर रहे थे। उसने लगभग पांच किलोमीटर के बाद जीप रोक दी और पैदल एक ओर चल पड़ा। यहां ऐसे जंगल थे जिनके बीच में छोटी-छोटी पहाड़ी चट्टानें थीं। अतः जीप आगे नहीं जा सकती थी।

आदित्य अभी कुछ ही आगे बढ़ा था कि उसके कदम ठिठक गए। उसके सामने आदमखोर शेरनी सबसे बेफिक्र पड़ी थी। उसका एक शावक स्तनपान कर रहा था और दूसरा उसके साथ खेल रहा था।

शेरनी को शायद आदित्य की उपस्थिति का आभास हो गया था। उसने शावकों को अपने से अलग किया और उछलकर खड़ी हो गई। तभी आदित्य की बंदूक से निकली सुई उससे टकराई।

दवा ने तुरंत अपना प्रभाव दिखाया और शेरनी लड़खड़ाकर गिर पड़ी। आदित्य ने जैसे ही शेरनी को गिरते देखा, वह उसके शावकों की ओर भागा और शीघ्र ही दोनों शावक उसकी गोद में थे।

आदित्य ने ग्रामीणों को बेहोश शेरनी के पास छोड़ा और जीप लेकर विश्रामगृह आ गया।

महेन्द्र वहीं बैठा उसकी प्रतीक्षा कर रहा था। जैसे ही उसने आदित्य को दो शावकों के साथ जीप से उतरते देखा तो वह खुशी से उछल पड़ा।

आदित्य ने शेरनी को लेने के लिए तुरंत एक पिंजड़े वाली गाड़ी व आठ-दस कूप गार्ड भेज दिए और चलने की तैयारी करने लगा। उसका काम समाप्त हो गया था, अतः वह शीघ्र अपने घर वापस लौट जाना चाहता था। लेकिन महेन्द्र ने उसे रात भर के लिए विश्रामगृह में रोक लिया।

प्रातः आदित्य तैयार हो गया। महेन्द्र ने उसे भावभीनी विदाई दी। आदित्य दोनों शावकों के साथ घर आ गया।

शेरनी कुछ दिनों बाद स्वस्थ हो गई। उसे आदित्य के निर्देशानुसार एक चिड़ियाघर में भेज दिया गया।

दोनों शावक आदित्य के पास ही पलने लगे। अजय और विजय तो दिन भर उन्हीं के साथ खेलते और उन्हें अपने हाथों से दूध पिलाते। कुछ समय बाद वे बड़े हो गए। अब उन्हें दूध के स्थान पर उबला मांस दिया जाने लगा। दोनों शावकों को अजय व विजय से इतना लगाव हो गया था कि वे केवल उन्हीं के हाथ से खाते। आदित्य भी उन्हें अपने बच्चों जैसा प्यार करता।

धीरे-धीरे तीन वर्ष बीत गए।

अब दोनों कद्दावर शेर बन गए थे। आदित्य भी पदोन्नत होकर वन-सरंक्षक बन गया था। शेरों को घर पर रखना अब खतरनाक हो गया था। यद्यपि आदित्य और उसके परिवार के लोगों को उनसे बिल्कुल भय नहीं लगता था फिर भी बहुत सोच-विचारकर उसने दोनों शेरों को राष्ट्रीय उद्यान भिजवा दिया। यहां वे खुले प्राकृतिक वातावरण में घूम फिर सकते थे।

धीरे-धीरे तेरह वर्ष बीत गए।

आदित्य अब मुख्य वन-संरक्षक बन गया था। अजय और विजय भी बड़े हो गए थे। वे दोनों शावकों को लगभग भूल चुके थे।

अचानक एक दिन राष्ट्रीय उद्यान के निदेशक का पत्र आदित्य को मिला। आदित्य ने पढ़ा तो उसे विश्वास ही नहीं हुआ। उसका भेजा हुआ एक शेर राष्ट्रीय उद्यान से भाग गया था और आदमखोर हो गया था।

आदित्य को लगा, जैसे उसका अपना बेटा अपराधी हो गया हो। उसने अजय और विजय को साथ लिया और तुरंत राष्ट्रीय उद्यान पहुंचा। उद्यान का निदेशक नया था। वह आदित्य को नहीं जानता था। उसने कभी कल्पना भी नहीं की थी कि इतनी-सी बात पर मुख्य वन-संरक्षक स्वयं आ जाएंगे। उसने आदित्य का स्वागत-सत्कार किया और शेर के आदमखोर बनने की पूरी दास्तान सुनाई किंतु आदित्य को लगा जैसे उससे कोई बात छिपाई जा रही है।

उसने आवश्यक जानकारी लेकर पुनः उस जंगल की ओर प्रस्थान किया, जहां शेर के सक्रिय होने के समाचार मिले थे। शाम तक वह रामनगर के जंगल में था।

आज से सोलह वर्ष पूर्व वह इसी जंगल में आदमखोर शेरनी को पकड़ने आया था।

आदित्य ने वन विभाग को अपने आगमन की सूचना दिए बिना ही जंगल में प्रवेश किया। उसके पास अपनी पुरानी बंदूक थी। उसके हृदय में भूचाल आया हुआ था। वह अकेले ही शेर को ढूंढ़ निकालना चाहता था, लेकिन न जाने क्या सोचकर उसने अजय और विजय को साथ ले लिया था।

आदित्य को जंगल में भटकते-भटकते रात हो गई, लेकिन शेर का कहीं पता न था। अजय और विजय भी निराश हो चुके थे। अंत में उन्होंने तय किया कि शेष रात्रि वन विभाग के विश्रामगृह में

व्यतीत करके, अगले दिन शेर की खोज करने निकलेंगे।

अभी वे वापस जाने के लिए मुड़े ही थे कि सामने से एक कद्दावर शेर ने उन पर छलांग लगाई। आदित्य को बंदूक प्रयोग करने का समय ही नहीं मिला। अजय और विजय भी घबरा गए। भय के कारण अजय के हाथ से शिकारी टॉर्च गिरकर दूर जा पड़ी। विजय ने भी अपना अंतिम समय समझकर आंखें बंद कर लीं।

तभी एक करिश्मा हुआ। कद्दावर शेर अजय और विजय के शरीर से अपना मुंह रगड़ने लगा। ठीक उसी तरह, जैसे वह बचपन में उनके साथ खेला करता था। उसके पिछले एक पैर में गोली का घाव था, जिससे वह लंगड़ा रहा था। शायद राष्ट्रीय उद्यान में उसे मारने का प्रयास किया गया था।

आदित्य ने पहचाना, यह उसका अपना शेर था। उसकी आंखों में आंसू आ गए। उसने आगे बढ़कर उसके पूरे शरीर पर हाथ फेरा और बड़ी देर तक उसे प्यार करता रहा।

आदित्य थोड़े समय के लिए सब कुछ भूल गया। कुछ देर बाद वह अपनी जीप की ओर चल पड़ा। उसके पीछे आदमखोर शेर इस प्रकार चल रहा था मानो पालतू कुत्ता हो।

अजय और विजय के हलके से संकेत से ही खूंखार शेर खुली जीप में आ बैठा और आदित्य उसे लेकर अपने घर आ गया। अगले दिन वह दूसरे शेर को भी घर ले आया।

दोनों शेरों के मिलन का दृश्य बड़ा हृदयविदारक था और आदित्य को लगा, जैसे उसके दो खोए हुए बेटे मिल गए हों।

दोस्ती

हवलदार शंकरलाल अपनी ईमानदारी, मेहनत व लगन के कारण पहली बार में ही 'श्रीलंका मिशन' के लिए चुन लिया गया। लेकिन दुर्भाग्य ने उसका ऐसा पीछा किया कि श्रीलंका जाने के एक माह के अंदर-अंदर ही आगरा में सांप्रदायिक दंगे आरंभ हो गए। इनमें उसकी पत्नी मारी गई। दो वर्षीय इकलौता पुत्र बच गया था।

शंकरलाल लगभग आठ महीने तक श्रीलंका से पत्नी को पत्र लिखता रहा, पर कोई उत्तर नहीं आया। जब उसकी चिंता विकलता में बदल गई तो बड़ी कठिनाई से वह छुट्टी लेकर आगरा आया। पूछताछ करने पर पता चला कि उसकी पत्नी सांप्रदायिक दंगों का शिकार हो गई थी। उसने अपने बेटे को ढूंढ़ने की बड़ी कोशिश की, पर वह अपने बेटे का कुछ भी पता नहीं लगा सका।

उसकी छुट्टियां समाप्त हो गईं। वापस ड्यूटी पर श्रीलंका जाते समय वह सोच रहा था, 'काश! मैं नौकरी न करता तो बीबी और बच्चा तो सलामत रहते। मेरा प्यारा बच्चा कहां होगा?' देशभक्ति और देश-सेवा के प्रति वह बचपन से ही समर्पित था। वह बचपन

से ही सेना में नौकरी करने जाना चाहता था। दुर्घटना किसी के भी साथ हो सकती है यह जानते हुए भी वह अपने मन को समझा नहीं पाता था।

समय गुजरता चला गया। श्रीलंका मिशन पूरा हो जाने पर वह लौट आया। उस घटना को घटे लगभग सात वर्ष हो गए, पर शंकरलाल का बेटा नहीं मिला। शंकरलाल का अंतर्मन सदा बेटे को खोजता रहता। गली-मुहल्ले में किलकारी मारते बच्चों को देखकर उसे अपने बेटे सुधीर की बरबस याद आ जाती। वह अकसर सोचता, 'अब वह आठ पार करके नवें वर्ष में लग गया होगा।'

श्रीलंका में अपनी मेहनत व लगन के कारण तरक्की पाकर वह नायब सूबेदार बन गया था। पर अपनी पत्नी व बेटे के अभाव में यह उन्नति भी उसे अखरने लगी थी।

वह बार-बार आगरा जाकर लड़के के बारे में मिले हर सुराग को टटोलता। पितृस्नेह और ममता सभी सीमाएं लांघ जाती हैं। उसे कहीं से सुराग मिला कि उसका बेटा अनाथालय को सौंप दिया गया था। वह सीधा अनाथालय में पहुंचा। वहां काफी बच्चे खेल रहे थे। शंकरलाल उन बच्चों के मैले-गंदे हाथ-पांव तथा फटे-पुराने कपड़े देखकर दुखी हो गया। उसने सोचा, 'इन बच्चों में मेरा बेटा नहीं हो सकता।' पर उसका स्नेह और उसकी ममता उसे उन बच्चों में से अपने बच्चे को ढूंढ़ने पर मजबूर कर रही थी। उसने अपने बच्चे का दो साल वाला फोटो जेब से निकाला और उससे एक बच्चे को मिलाने लगा। बच्चे का विशाल माथा, तीखे नाक-नक्श व गोल चेहरा, उसके बेटे सुधीर के दो साल के फोटो से हूबहू मिलता-जुलता था। वह बच्चा आनंद नामक एक दूसरे बच्चे के साथ बातचीत कर रहा था।

उसके पास खड़ी अनाथालय की सुपरिटेंडेंट मिस श्रेष्ठ ने शंकरलाल से मुस्कराकर कहा, "भगवान करे यह बालक आपका ही पुत्र

निकले! यह बालक तीक्ष्ण बुद्धि वाला है। किसी अच्छे घराने का लगता है। इसके नाक-नक्श भी आपसे मिलते-जुलते हैं।"

शंकरलाल ने कहा, "पर यहां आप बच्चों को ठीक से नहीं रखतीं। इन सब बच्चों को कितनी गंदी हालत में रखा हुआ हैं।"

मिस श्रेष्ठ ने बताया, "देखिए, मैं इन सब बच्चों को बहुत साफ रखना चाहती हूं। पर यह धर्मार्थ ट्रस्ट है जो दान पर निर्भर है। इनके भोजन का खर्च भी मुश्किल से निकल पाता है। साबुन की शक्ल देखे बिना इन्हें महीनों गुजर जाते हैं। लोगों द्वारा दिए गए जो फटे-पुराने कपड़े इन्हें मिलते हैं, उन्हीं से काम चलाते हैं। यहां पर छप्पन बच्चे हैं पर आय के नाम पर भगवान ही मालिक है। मैं कैसे गुजारा करती हूं यह मैं ही जानती हूं।"

जैसे ही शंकरलाल उस लड़के की तरफ बढ़ा, वह लड़का अपने दोस्त आनंद के साथ दूर भागने लगा। भावविह्वल होकर शंकरलाल बोला, "मैं कल आपको बीस हजार रुपए लाकर देता हूं। इन बच्चों की जरूरतों पर खर्च करके इन्हें ढंग से रखिए।"

"धन्यवाद! हे भगवान, इतना बड़ा दानी तो आज तक यहां कोई भी नहीं आया। आपकी बड़ी मेहरबानी होगी!" मिस श्रेष्ठ ने कृतज्ञता जताई।

शंकरलाल ने कहा, "यह कोई दया या उपकार की बात नहीं है। मेरे पास पैसा है और मैं समझता हूं कि पैसे के उपयोग के लिए इससे बढ़िया जगह और कोई नहीं हो सकती। मैं चलता हूं, कल फिर आऊंगा।"

फिर मिस श्रेष्ठ सारे समय सुधीर को समझाती रही कि आने वाला व्यक्ति शायद उसका पिता है। वह उसे आराम से रखेगा। वह उसे चाहता है और सुधीर को उससे मेलजोल बढ़ाना चाहिए। लेकिन बाल-मनोदशा के कारण सुधीर किसी भी मोह अथवा लालच में नहीं आया। मिस श्रेष्ठ चाहती थी कि वह शंकरलाल के

साथ घूमने जाए तथा उससे मेलजोल बढ़ाए। शंकरलाल लगातार दो दिन तक आता रहा, मगर सुधीर उसके साथ जाने को तैयार नहीं हुआ। जब भी वे प्रयास करते, वह उनकी बातों को नहीं सुनता और अपने दोस्त आनंद के साथ खेलने के लिए दौड़ जाता। आनंद के साथ उसकी बड़ी दोस्ती थी। वह उसी के साथ खाता-पीता, खेलता तथा सोता था। एक बार जब सुधीर बीमार पड़ा तो आनंद उसके लिए खून तक देने को तैयार हो गया था और जब आनंद को चोट लगी थी तो सुधीर ने उसकी जमकर सेवा की थी। उन दोनों का आपसी व्यवहार देखकर ऐसा लगता था कि जैसे वे एक-दूसरे से अभिन्न हों और एक पल के लिए भी एक-दूसरे की जुदाई सहन कर पाने में असमर्थ हों।

उन दोनों की दोस्ती व उनके प्यार को देखकर अनाथालय के कर्मचारी भी अकसर कहा करते थे, "यह इनका पूर्वजन्म का साथ है।" क्या मजाल कि कोई कार्यकर्त्ता या कर्मचारी उनमें से किसी एक को हाथ लगा दे, दूसरा उसके लिए जान देने को तैयार हो जाता था।

मिस श्रेष्ठ ने शंकर से कहा, "सुधीर को साथ ले जाने में सबसे बड़ी बाधा आनंद है। आनंद से उसकी इतनी पक्की दोस्ती है कि वह आनंद से बिछुड़ने को तैयार ही नहीं होता। फिर भी मैं कल सुधीर को लेकर बाजार में आपके साथ चलूंगी। रास्ते में मौका पाकर मैं कहीं गायब हो जाऊंगी। फिर आप उसे बाजार घुमाना। धीरे-धीरे वह आपके साथ घुल-मिल जाएगा। निराश होने की आवश्यकता नहीं है।"

अगले दिन योजना के अनुसार मिस श्रेष्ठ उसे शंकरलाल के साथ बाजार ले गई और अचानक गायब हो गई।

सुधीर ने तत्काल पूछा, "मदर कहां हैं?"

"अभी आती हैं। उनके सिर में दर्द था, दवा लेने गई होंगी। जब

तक वे आएंगी, तब तक हम इस खिलौनों की दुकान में बैठते हैं," शंकरलाल ने कहा।

वे दुकान में चले गए। सुधीर ने इतने अच्छे खिलौने कभी नहीं देखे थे। वह उत्सुकता से उधर देखने लगा। शंकरलाल उससे पूछता रहा कि उसे कौन-सा खिलौना पसंद है? पर सुधीर कुछ नहीं बोला। फिर वह अचानक ही बोल पड़ा, 'मदर से कहना कि मुझे यह बंदूक पसंद है और आनंद को हाथी। उसे बंदर भी पसंद है।"

शंकरलाल मन ही मन खीजा—आनंद...आनंद...आनंद! इसका यह दोस्त आनंद ही इसको मुझे मिलने व साथ ले जाने में सबसे बड़ी बाधा है। उसने पुनः पूछा, "तुम्हें साइकिल पसंद है?"

"हां, अच्छी है, पर मुझे साइकिल चलानी नहीं आती, आनंद को आती है।" सुधीर ने बताया।

"आनंद...आनंद...आनंद!" कहकर शंकरलाल ने गुस्से से अपना सिर पीट लिया।

शंकरलाल ने दुकानदार से दो बंदूकें, दो हाथी, दो बंदर और एक साइकिल पैक करा दी। फिर बराबर की दुकान पर खड़ा होकर शंकरलाल, सुधीर से बोला, "तुम्हें यह जरसी पसंद है? तुम्हारा स्वेटर फटा है, ठंड लगती होगी।"

"मुझे टोपे वाला स्वेटर पसंद है।"

शंकरलाल ने टोपे वाली जरसी खरीदकर उसे पहना दी तो वह तुरंत बोला, "यह स्वेटर मैं आनंद को दे दूंगा। वह बड़ा खुश होगा इसे पहनकर।"

शंकरलाल ने अपनी भूल महसूस की तथा एक जरसी और पैक करा ली। उसने अपने बाल नोचते हुए मन ही मन कहा, 'आनंद के बिना यह सांस भी नहीं लेना चाहता।' फिर उससे बोला, "आनंद के लिए भी जरसी है।"

उनके अनाथालय पहुंचते ही मिस श्रेष्ठ ने शंकरलाल से कहा,

"लोग मोह और ममता में अनाथालय के नियम भूल जाते हैं। शंकरलाल जी, आपको इन्हें खिलौने नहीं दिलाने चाहिए थे। मेरे लिए सब बच्चे बराबर हैं। इनके पास तो खिलौने हो गए। लेकिन आप नहीं जानते, अब या तो बाकी बच्चों की इनके साथ लड़ाई होगी या फिर उन बच्चों में हीन भावना उत्पन्न हो जाएगी। मैं यह नहीं चाहती।"

सुधीर व आनंद बड़े खुश थे। फिर सुधीर तीन-चार बार शंकरलाल के साथ बाजार गया। कई बार शंकरलाल सोचता भी कि शायद यह मेरा बच्चा न हो। उसने मिस श्रेष्ठ से एक दिन कह ही दिया, "सुधीर आपके पास कब और कैसे आया? जरा अपने कागजों में देखकर बताएं।"

मिस श्रेष्ठ ने कहा, "देखा है। कोई विशेष सुराग नहीं मिलता कि यह कौन है? कहां से आया है? इसे कोई जमादारनी यहां छोड़ गई थी।"

"जमादारनी?" सुनकर शंकरलाल चौंक पड़ा।

मिस श्रेष्ठ ने कहा, "वह कभी-कभी इससे मिलने आती है। यह भी उसे जानता है, प्यार करता है। मैं उसका अता-पता नहीं जानती। अबकी बार वह कभी आई तो मैं आपसे मिलवा दूंगी। वही शायद इसके बारे में कुछ जानती हो।"

शंकरलाल एक महीने तक इंतजार करता रहा, पर वह नहीं आई। सुधीर भी शंकरलाल के साथ जाने को तैयार नहीं था यद्यपि शंकरलाल से उसकी दोस्ती और सान्निध्य थोड़ा बढ़ गया था।

उधर मिस श्रेष्ठ आनंद को कई दिनों से अकेले में समझा रही थी कि वह सुधीर के भले जीवन के लिए सुधीर से बिगाड़ ले, लड़ाई कर ले ताकि सुधीर अपने पिता के पास चला जाए। पर आनंद मान ही नहीं रहा था। मिस श्रेष्ठ को पता था कि आनंद से बिगाड़े बिना सुधीर नहीं जा सकता। उस दिन मिस श्रेष्ठ क्रोध में आनंद पर

चीखी, "आनंद, तुम सुधीर को अपने साथ रखकर उसकी जिंदगी बरबाद कर रहे हो। अपने पिता के पास उसका विकास ठीक से होगा। तुम कैसे दोस्त हो जो अपने मित्र को रोके हुए हो? जब तक तुम उससे नहीं टूटोगे, उसका मोह यहां से नहीं हटेगा।

आनंद ने कहा, "मदर, मैं उसके बिना नहीं रह सकता। न वह मेरे बिना रह सकता है। हमने पांच वर्ष साथ-साथ बिताए हैं। उससे लड़ाई करने की बात तो मैं सपने में भी नहीं सोच सकता। उससे झगड़ने की बात सोचना तो मेरे लिए पाप है। वह मेरा दोस्त है! दुनिया में सिवा आपके हमारा और है ही कौन?"

मिस श्रेष्ठ अपनी आंतरिक संवेदना को दबाते हुए चीखी, "आनंद, तुम मेरी आंखों से दूर हो जाओ! तुम उसके दोस्त नहीं, उसके दुश्मन हो! तुम स्वार्थी हो! तुम बड़ों की बात नहीं मानते। तुम मतलबी हो। तुम अपने दोस्त को फलता-फूलता नहीं देख सकते। तुम उसकी जिंदगी बरबाद कर रहे हो। यदि तुम उसका भला चाहते हो तो उससे झगड़ा करके फौरन उससे अलग हो जाओ।"

मिस श्रेष्ठ चली गई। आनंद काफी देर तक खड़ा-खड़ा सोचता रहा, फिर अचानक आकर अकारण सुधीर से झगड़ा कर बैठा। सुधीर पिटता रहा। आनंद ने उसकी सबसे प्यारी बंदूक तोड़ दी। सब खिलौने फेंक दिए। बंदूक के लिए सुधीर भी उससे लड़ पड़ा। लड़ाई इतनी बढ़ गई कि मिस श्रेष्ठ व शंकरलाल को आकर छुड़ाना पड़ा। पर मिस श्रेष्ठ व शंकरलाल अंदर से बड़े खुश थे। कई दिन के प्रयास के बाद तो वे उन दोनों को आपस में लड़ाने में कामयाब हुए थे और उन दोनों की दोस्ती में दरार डाली थी।

सुधीर ने आनंद से कहा, "तू मुझसे लड़ता है, मेरी बंदूक तोड़ता है, मैं यहां से चला जाऊंगा।"

शंकरलाल उसे साथ ले जाते हुए बोला, "मैं तुम्हें दूसरी बंदूक दिला दूंगा। सब चीजें दूसरी ले दूंगा, बेटा!"

आनंद वहां से भागकर दूसरे कमरे में चला गया और एक घंटे तक फूट-फूटकर रोता रहा। जब सुधीर को गए काफी देर हो गई तो मिस श्रेष्ठ ने सीने से लगाकर रोते आनंद को दिलासा दिया। उसने आनंद के आंसू पोंछे, पर आनंद का दुख व त्याग देखकर भाव-विह्वल होकर मिस श्रेष्ठ की आंखों में भी आंसू भर आए थे।

सुबकता हुआ आनंद बोला, "उससे झगड़ा करके मैंने बड़ा पाप किया है, मदर!"

मिस श्रेष्ठ ने कहा, "बेटा, किसी की भलाई के लिए किया गया दुष्कर्म भी पाप नहीं, पुण्य होता है।"

आनंद बोला, "मदर, अब सुधीर पढ़-लिखकर बहुत बड़ा अफसर बन जाएगा ना? वह चला गया, मगर वादा करो कि आप मुझे उससे मिलाने ले चलोगी। मदर, मैं उससे माफी मांगूंगा।"

मिस श्रेष्ठ ने उसे सांत्वना देते हुए कहा, "हां बेटा! मैं जल्दी ही तुम्हें उससे मिलाने के लिए ले चलूंगी।"

फिर समय बीतता चला गया। लेकिन सुधीर व आनंद इतने गहरे दोस्त थे कि इन बीस दिनों में न उन्हें रोटी अच्छी लगती थी, न कोई और चीज। हमने लड़ाई क्यों की, यह सोचकर वे आत्मग्लानि से भर उठते थे। यदि आनंद को उसके घर का पता होता तो वह भागकर उसके पास चल जाता और यदि सुधीर को अनाथालय के रास्ते का पता होता तो वह भी भाग आता। जब आनंद बार-बार मिस श्रेष्ठ से सुधीर के घर चलने को कहता रहा तो इक्कीसवें दिन मिस श्रेष्ठ आनंद को सुधीर से मिलाने के लिए शंकर के घर चली। जैसे ही वे चले, सामने से वह जमादारनी भी आ गई। मिस श्रेष्ठ उसे भी साथ ले गई।

आनंद और सुधीर दौड़कर ऐसे गले मिले जैसे जन्म-जन्म के बिछुड़े आज मिले हों। दस मिनट तक उन्होंने एक दूसरे को नहीं छोड़ा। आपस में लिपटे रहे और एक दूसरे से माफी मांगते रहे।

जमादारनी ने शंकरलाल से कहा, "बाबूजी, बीबीजी की हत्या के बाद आपके बच्चे को आपको सौंपने और आपको ढूंढ़ने के लिए मैंने कितनी ही कोशिश की, पर सब बेकार रहा। मैं गरीब थी, उसे कैसे पालती। इसलिए मैंने उसे अनाथालय में दे दिया।"

भावविह्वल होकर शंकरलाल ने कहा, "तुमने मुझ पर बड़ा उपकार किया है, मेरी बहन! मेरा वहम भी दूर कर दिया। मैं तो तुम्हें इनाम दूंगा ही, भगवान भी तुम्हें इनाम देगा!"

फिर शंकरलाल ने मिस श्रेष्ठ से कहा, "सुधीर आनंद को बहुत प्यार करता है। इन बीस दिनों में यह उसके लिए तड़पता रहा। आपने बताया कि आनंद का भी यही हाल था। तो आप आनंद को भी आज से मेरे पास छोड़ जाइए। मेरे पास काफी जमीन-जायदाद है। इन दोनों के लिए काफी है। मैं इन दोनों को ही पढ़ा-लिखाकर योग्य बनाऊंगा। इनकी दोस्ती अटूट है।

मिस श्रेष्ठा ने कहा, "तो कल आकर कागज-पत्रों पर हस्ताक्षर कर जाइए और कोर्ट में चलकर कानूनी कार्यवाही पूरी कर लीजिए कि आप सुधीर व आनंद के अभिभावक या संरक्षक बनते हैं तथा इनके पालन-पोषण, पढ़ाई-लिखाई की जिम्मेदारी लेते हैं।"

"जी, कल मैं यह कार्य पूरा करने के लिए इन दोनों को लेकर आ जाऊंगा," शंकरलाल ने कहा।

मिस श्रेष्ठ चली आई। आकर वह सबसे पहले मंदिर में गई और भगवान के आगे प्रार्थना करने लगी, "हे भगवान, तूने उन दो बच्चों को नया जन्म दे दिया, मेरे आश्रम के अन्य बच्चों को भी उनके संरक्षकों, हितैषियों व पालकों के पास भिजवा दे! हे प्रभु, उन मासूम बच्चों पर दया कर! तू दयालु है, तू जग का पालनहार है!"

उजाले की ओर

अविन जब कक्षा में पहुंचा तो सबकी नजरें उस पर आ टिकीं। जैसे ही उसने एक डेस्क पर जाकर बस्ता रखा, साथ बैठा लड़का बोल पड़ा, "यहां मत बैठो, कब कौन-सी चीज चुपके से पार कर लोगे, पता नहीं चलेगा।"

अविन ने बोझिल मन से बस्ता उठा लिया और सबसे पीछे जाकर बैठ गया। इधर-उधर से कसे जाने वाले फिकरे उसके कानों में पिघले सीसे से उतरने लगे।

"यार, अब तो कक्षा में एक चौकीदार रखना पड़ेगा।"

"पक्के चोरों में गिनती है इसकी। सुना है दिल्ली में अपने स्कूल में भी चोरी किया करता था।"

"तभी तो इसे इसके मामा के पास आगरा भेजा गया है, इसके मामा का लड़का सुरेश बता रहा था।"

अविन चुपचाप सभी व्यंगबाणों को झेल रहा था। कितने हौसले और दृढ़ निश्चय से वह आगरा आया था। सोचा था कि नई जगह पर एक नई जिंदगी की शुरुआत करेगा, पर उसका कलंकित अतीत

तो उससे पहले ही यहां पहुंच गया। लड़कों की छींटाकशी बदस्तूर जारी थी।

तभी अध्यापक जी आए तो सब चुप हो गए। अविन को देखकर वे बोले, "नए आए हो क्या?"

"जी सर!" अविन सिर झुकाकर खड़ा हो गया।

"सर, इसके मामा का लड़का बता रहा था कि यह अविन एक बिगड़ा हुआ लड़का है। आगरा में इसे सुधारने भेजा गया है।" नलिन बोला।

"यह तो बहुत अच्छी बात है," अध्यापक बोले, "अविन एक अच्छा लड़का बनना चाहता है तो ऐसे में हमें भी इसकी मदद करनी चाहिए।"

उस समय तो लड़के चुप रहे, पर पीरियड खत्म होते ही फिर वही बातें शुरू हो गईं। ताने कसने में सुधीर सबसे आगे था। वह मेज पर खड़ा होकर बोला, "कक्षा में अब एक चोर आ गया है, इसलिए सब सावधान रहना!"

अविन की आंखों में अपमान और दुख के आंसू आ गए। किसी तरह वह स्वयं पर नियंत्रण किए रहा। सच है, गिराने वाले दस होते हैं, पर यदि कोई संभलने का प्रयास करे तो कोई सहारा नहीं देता।

जब वह घर पहुंचा तो उसका उतरा मुंह देखकर उसकी मामी बोली, "क्या बात है बेटे?"

"कुछ नहीं मामी!" और वह अपने कमरे में आ गया।

रात भी उसे देर तक नींद नहीं आई। यह सच है कि कल तक वह एक बिगड़ा हुआ लड़का था, नवीं कक्षा में आते ही वह बिगड़े हुए लड़कों की संगत में पड़ गया था। उसे भी चाट-पकौड़ी खाने और सिनेमा आदि देखने का चसका लग गया था। पर जेब-खर्च से यह सब पूरा नहीं होता था। धीरे-धीरे वह मां के पैसों और

पिताजी की जेब पर भी हाथ साफ करने लगा। और तो और, वह अपनी किताबें भी बेच आता और घर आकर पिताजी से झूठ बोल देता कि किताब खो गई है।

एक दिन पिताजी ने उसे रंगे हाथों पकड़ लिया। उसी दिन उसके स्कूल से भी उसकी कारगुजारियों की शिकायत आ गई। पिताजी का बदन तो गुस्से से थर-थर कांपने लगा। उन्होंने उसके गाल पर कसकर दो थप्पड़ मारे। अगर मां बीच-बचाव नहीं करती तो पिताजी तो उसकी जान ही ले लेते। मां भी कितना रोई थी उस दिन। मां के आंसू देखकर उसका हृदय ग्लानि और पश्चात्ताप से भर गया था। पहली बार उसे अहसास हुआ था कि वह कितना नीचे गिर चुका है। पिताजी ने अगले ही दिन उसका नाम स्कूल से कटवा दिया और उसे मामा के पास आगरा भेजने का निश्चय किया। उसे गाड़ी में बिठाते समय मां-पिताजी दोनों का मन भर आया था।

पिताजी उसके सिर पर हाथ फेरकर बोले थे, "बेटे, तुम्हें यहां की सोहबत से बचाने के लिए ही आगरा भेज रहे हैं...वहां से अच्छे बनकर लौटना।"

"हां बेटे! फिर हम जल्दी ही तुम्हें वापस बुला लेंगे।" मां बोली।

अविन की आंखें भी भर आई थीं। उसने मां-पिताजी से वादा किया कि वह एक अच्छा लड़का बनकर दिखाएगा। उसी मजबूत इरादे और दृढ़ निश्चय के साथ वह आगरा आया भी था, पर उसका घिनौना अतीत यहां भी उसके साथ चिपका हुआ है। अविन ने फिर स्वयं को समझाया और मन पक्का किया। उसने सोच लिया कि लड़के चाहे जो कुछ कहें, वह उनकी बातों पर ध्यान नहीं देगा। अविन मन लगाकर पढ़ाई कर रहा था। रोज अपना गृहकार्य करता था। मामीजी से एक पैसा भी जेबखर्च नहीं लेता।

कई बार वह जिद करती, "बेटा, कुछ खा लिया कर स्कूल में।"

वह जवाब देता, "नहीं मामी, बाहर का नहीं खाऊंगा।"

स्कूल में भी उसे कोई पेन-पेंसिल या पैसा पड़ा नजर आता तो वह तुरंत अध्यापक को दे देता। उसके अच्छे स्वभाव के कारण धीरे-धीरे कक्षा में उसके कई मित्र बन गए थे। रमन, नीरज, विवेक, राजीव आदि से तो उसकी बहुत दोस्ती हो गई थी। पर सुधीर और उसके तीन-चार साथी अब भी उस पर ताने कसते थे। जब कोई गिरी हुई चीज उठाकर वह अध्यापक के पास जमा करता तो बाद में सुधीर व्यंग करता, "ये देखो, सौ चूहे खाकर बिल्ली हज को चली है! बड़ा अपनी ईमानदारी दिखा रहा है, दांव लगेगा तो कोई भी चोरी कर लेगा।"

"सुधीर, तुम्हें ऐसा नहीं बोलना चाहिए," नीरज बोला, "अविन को आए तीन महीने हो गए हैं, कक्षा से एक पेंसिल भी नहीं उठी।"

पर सुधीर पर इन बातों का कोई असर नहीं था। वह कुछ न कुछ बोलता ही रहता था जिससे अविन का मन फिर उदास हो जाता।

एक बार कक्षा के सभी लड़कों ने पिकनिक का प्रोग्राम बनाया। अध्यापकजी ने सुधीर को सभी लड़कों से पंद्रह-पंद्रह रुपए जमा करने को कहा। अविन की उस दिन तबीयत खराब थी, इसलिए उसने राजीव के हाथ पैसे भिजवा दिए। सुधीर के पास कक्षा के तीस लड़कों के चार सौ पचास रुपए हो गए थे जो उसने रूमाल में बांधकर जेब में रखे थे। उसने सोचा, 'छुट्टी के समय अध्यापक को दे दूंगा।'

खाने के समय सभी लड़के बाहर घास में अपना-अपना टिफिन लेकर बैठ गए और खाना खाने लगे। इसके बाद घंटी बजी तो सब अपनी-अपनी कक्षा में आ गए। शाम को जब छुट्टी हुई तो रुपए जमा करवाने के लिए सुधीर ने अपनी जेब में हाथ डाला। उसका कलेजा धक् से रह गया। उसकी जेब खाली थी। उसने बस्ता, डेस्क सब टटोलकर देखा, पर रुपए नहीं मिले। घबराया हुआ वह बाहर

आया, जहां घास में वे बैठे थे। उसने चारों ओर देखा, पर उसे कहीं भी रूमाल नजर नहीं आया। उसकी आंखों के आगे अंधेरा छाने लगा। चार सौ पचास रुपए जैसी बड़ी रकम अब वह कैसे जमा करेगा? सभी लड़के जा चुके थे। दूसरे दिन भी स्कूल आते ही वह रूमाल ढूंढ़ने लगा। अब तक सभी लड़कों को पता चल गया था कि सुधीर से रुपए खो गए हैं।

राजीव अविन से बोला, "अविन, अच्छा हुआ जो तुम कल स्कूल नहीं आए थे, वरना सुधीर यही कहता कि रुपए तुमने चुराए हैं।"

सुधीर कक्षा में रुआंसा बैठा था।

विवेक बोला, "हमने तो अपने-अपने हिस्से के रुपए तुम्हें दे दिए हैं। अब तुम्हारी ही जिम्मेदारी है उन्हें जमा करने की।"

सुधीर का कलेजा धड़क रहा था। कहां से भरेगा वह इतने रुपए? घर का खर्च पहले ही मुश्किल से चलता है। भैया को डॉक्टरी पढ़ाने के लिए पिताजी को हर माह कितने रुपए भेजने पड़ते हैं।

उसे खामोश बैठा देख विक्रांत बोला, "कहीं इतने रुपए इकट्ठे देखकर सुधीर की नीयत तो नहीं डोल गई?"

"हां-हां, ऐसा हो सकता है!" सुमित बोला, "यह सदा ऊंची-ऊंची योजनाएं बनाता रहता है। कभी कहता है कैमरे के लिए पैसे जमा कर रहा हूं, कभी कहता है टेपरिकार्डर के लिए। लगता है इतने सारे पैसे देख यह लालच से भर उठा है।"

विक्रांत और सुमित की बातें सुनकर सुधीर की आंखें भर आईं।

तभी अविन बोला, "विक्रांत, सुमित, तुम्हें यूं झूठा इलजाम नहीं लगाना चाहिए सुधीर पर। सुधीर ऐसा लड़का नहीं है। पैसे उससे खोए हैं, उसने चुराए नहीं हैं।"

"तुम उसका पक्ष लेकर क्यों बोल रहे हो? वह तो सदा तुम पर झूठे आरोप लगाता रहता है।" राजीव बोला।

"मैं जानता हूं कि झूठा इलजाम लगने का दुख क्या होता है।"

“अविन, मुझे माफ कर दो!” सुधीर अविन से बोला, “आज मुझे अपनी गलतियों का एहसास हो रहा है। मैंने न जाने कितनी बार तुम्हें उलटी-सीधी बातें सुनाई हैं। तुम्हें चोर कहता रहा, पर आज इतनी बड़ी कक्षा में तुम्हीं मेरे पक्ष में बोले हो।”

पीरियड शुरू होने वाला था, इसलिए अविन चॉक लेने स्टाफ रूम की ओर जा रहा था। अचानक फूलों की क्यारी के बीच में सुधीर के रूमाल का फूलदार कोना-सा उसे नजर आया। सुधीर के पास अकसर ऐसे ही रूमाल होते थे। अविन क्यारी के बीच में गया और रूमाल उठाया। रूमाल में कुछ बंधा था। उसने खोला तो देखा उसमें नोट रखे हैं। अविन उसी समय भागकर कक्षा में आया और खुशी से चिल्लाया, “सुधीर, पैसे मिल गए!”

“कहां?” सुधीर खुशी से उछल पड़ा।

“फूलों की क्यारी के बीच अचानक मेरी नजर पड़ी तो देखा कि तुम्हारा रूमाल है। शायद कल तुम घास में भूल आए थे; लगता है जमादार की झाड़ू से यह रूमाल क्यारी में गिर गया होगा।”

“ओह अविन! मैं किस तरह तुम्हें धन्यवाद दूं? तुमने मेरी कितनी बड़ी परेशानी दूर कर दी। साथ ही यह सबूत भी दे दिया कि कक्षा में तुम-सा ईमानदार और नेक कोई नहीं!” सुधीर ने आगे बढ़कर गर्मजोशी से अविन के हाथ थाम लिए। सुधीर मन ही मन सोच रहा था, ‘अविन चाहता तो ये पैसे रखकर उससे बदला ले सकता था, पर अविन कितना अच्छा है।’

स्कूल में अध्यापक और बच्चे अविन की भूरि-भूरि प्रशंसा कर रहे थे। छुट्टी के समय सुधीर, अविन के पास आया और बोला, “अविन, मेरे दोस्त बनोगे न?”

“क्यों नहीं?” अविन ने सुधीर का हाथ पकड़ लिया। अविन को लगा, उसके अतीत पर लगे कलंक के सभी धब्बे अब पुंछ गए हैं और एक उजला भविष्य उसके सामने चमक रहा है।

एक और चिकित्सा

अमित की लंबाई उतनी नहीं बढ़ी थी, जितना उसके मन का यह विश्वास कि वह बड़ा होता जा रहा है। तब उसे लगता—चूंकि वह बड़ा हो गया है इसलिए उसे बड़ों जैसे काम भी करने चाहिए। बड़ों जैसे काम में उसका प्रिय काम था—स्कूटर चलाना। ना-ना करते भी पापा ने उसका उत्साह देख पीछे बैठकर उससे मैदान में स्कूटर चलवा दिया। अमित को बड़ा मजा आया।

पापा ने उत्साह बढ़ाते हुए कहा, "जरा और बड़े हो जाओ, धीरे-धीरे सीख जाओगे।"

'वाह यह क्या बात हुई!' अमित सोचता, 'पढ़ाई और खेलकूद में तो पापा कहते हैं कि तेजी से आगे बढ़ो, फिर भला स्कूटर सीखने में क्यों धीरे-धीरे चलूं?'

अब अमित हमेशा इसी ताक में रहता कि कैसे उसे स्कूटर चलाने का मौका मिल जाए। रोज शाम को पापा के दफ्तर से आने के समय पर वह बाहर ही खड़ा इंतजार करता रहता। पापा आकर स्कूटर बंद करने लगते तो कहता, "प्लीज, पापा! बस एक चक्कर..."

"कॉलोनी के अंदर पार्क में ही रहना," पापा उसका मन रखते हुए हिदायत के साथ स्कूटर दे देते। कॉलोनी के पार्क की परिक्रमा करके अमित अपने को बड़ा महसूस करता। मित्रों ने देखा तो शाबाशी दी। उससे और विश्वास बढ़ा।

राखी ने टोका, "अच्छा अमित, तुम भी स्कूटर चलाने लगे...अभी तक तो बस हिमांशु को स्कूटर चलाते देखा था। कितना होशियार है। क्या फर्राटे से चलाता है और बाहर भी ले जाता है।"

"धीरे-धीरे मैं भी सीख जाऊंगा।"

"उसके पास लाइसेंस भी है!"

"अभी कैसे? क्या वह अठारह साल का हो गया है?"

"पता नहीं...उसकी कई ड्राइविंग स्कूल वालों से पहचान है। उन्हीं से कहकर बनवा लिया।"

राखी के मुंह से हिमांशु की इतनी प्रशंसा सुनकर अमित को अपने अंदर हीनता का एहसास हुआ। उसने पापा से अपने लाइसेंस की बात चलाई तो उन्होंने डांटकर कहा, "अभी नहीं...थोड़े और बड़े हो जाओ!"

बाद में अमित सोचता रहा, 'खाक बड़े हो जाओ। जब गलती के लिए डांटना हो तो कहेंगे कि शर्म नहीं आती? इतने बड़े होकर ऐसा करते हो, वैसा करते हो। जब स्कूटर के लाइसेंस का मामला आया तो मुझे छोटा बना दिया। काश! मैं जल्दी बड़ा हो जाऊं।' अमित को अपनी लंबाई भी कम लगती। हिमांशु की सलाह पर उसने डंडों पर लटकना शुरू कर दिया था ताकि लंबाई जल्दी बढ़े।

हिमांशु हर चीज में तेजी से बढ़ रहा है—शरीर से भी और तो और, खाने-पीने के मामले में भी। जब देखो तब कोल्ड ड्रिंक, महंगी वाली चॉकलेट और दही-भल्ले वगैरह भकोसता रहता है।

अमित ने पूछा भी, "वाह! खूब खर्च करते हो!"

"बड़ा जो हूं...मुझे पैसे भी खूब मिलते हैं जेबखर्च के लिए।"

"कौन देता है?"

"मेरे पापा।"

"पर मेरे पापा तो नहीं देते इतने पैसे!"

"बच्चे जो हो! मुझे पापा देते हैं और मैं दो के चार बना लेता हूं। जानते हो, मेरे पास मेरे अपने शेयर हैं, बैंक में खाता भी है।"

"अच्छा! अभी से कमाने लगे!"

"क्यों, कमाने के लिए उम्र का परमिट चाहिए क्या? मेरे चेले बन जाओ...तुम्हें भी हुनर सिखा दूंगा। बड़े लोग जैसे हेराफेरी करके पैसे कमाते हैं, अगर थोड़ी हम भी कर लें तो क्या हर्ज है?"

"हेराफेरी कैसे?"

"पहले मुझे उस्ताद मानो, वफादार बने रहने की कसम खाओ...तब।"

"चलो माना।"

"ठीक है, बताऊंगा।"

"अब बताओ भी।"

"तुम्हें पैसों की जरूरत है? अभी मिनटों में इंतजाम करता हूं।"

"वाह, तुम तो ऐसे बोल रहे हो जैसे खजाना सामने है।"

"ऐसा ही समझो। तुम्हारा यह स्कूटर ही तुम्हारे लिए चैक है। कहो तो अभी भुना दूं?"

"क्या मतलब?"

"अभी समझाता हूं, देखो..."

देखते-देखते हिमांशु प्लास्टिक की ट्यूब और एक बोतल ले आया। उसने स्क्रूड्राइवर से स्कूटर का ढक्कन खोला और पेट्रोल निकालने लगा। अमित चौंका। जब बोतल भर गई तो उसने जेब से दस का एक नोट निकालकर अमित को दिया और कहा, इसके दाम लो...एकाध लीटर निकाला होगा। घबराओ मत, पता भी नहीं लगेगा तुम्हारे पापा को।"

फिर तो अमित को लत-सी लग गई। जब भी उसे रुपयों की जरूरत होती, चक्कर लगाने के बहाने स्कूटर को पार्क के दूसरे कोने में ले जाता और हिमांशु की बताई तरकीब से पेट्रोल निकालकर पंप हाऊस के पीछे छिपा देता। वहां से वह गैराज के मैकेनिक के पास पहुंच जाता जो पेट्रोल खरीद लेता था। अब सीमित जेबखर्च के कारण उसका हाथ भी तंग नहीं रहता था।

एक बार मम्मी ने पूछा भी, "बहुत खर्च करने लगे हो!"

"मम्मी, आप हमें जो जेबखर्च देती हैं, उसी से कैसेट लाता हूं और दोस्तों के साथ पार्टी भी कर लेता हूं। हम दोस्तों में भी लेना-देना चलता रहता है।"

"देखो, ज्यादा दुनियादारी में न पड़ना। अपनी हैसियत के अनुसार रहना चाहिए। तुम्हारा जेबखर्च कोई जादू का घड़ा तो नहीं है कि निकालते जाओ, कभी खाली नहीं होगा।" मम्मी ने नाराजगी से कहा।

ऊपर से अमित चुप रहा, पर मन ही मन उसने कहा, 'जादू का घड़ा तो स्कूटर की पेट्रोल की टंकी है।'

एक बार पापा बोले, "पता नहीं स्कूटर में क्या गड़बड़ हो गई है? एवरेज एकदम कम हो गया है।"

अमित चौकन्ना हो गया। "पापा, अपना स्कूटर पुराना हो गया है। पिस्टन कमजोर हो गया होगा।"

"हो सकता है। जांच कराऊंगा।"

पापा जब इस दिशा में सजग और परेशान दिखते तो अमित अपना पेट्रोल दोहन का कार्यक्रम बंद कर देता। अपना कार्यक्रम सफलतापूर्वक चला लेने के कारण वह मन ही मन संतुष्ट था।

एक दिन स्कूटर चलाने का अभ्यास करते हुए अमित को कलाबाजी सूझी। उसने गति बढ़ाई ही थी कि सामने मेनहोल आ गया और जब तक अमित कुछ समझ पाता, संतुलन खोकर उछल गया और

1996
DLTS

पार्क की चारदीवारी से उसका पैर टकराया। जब उसे होश आया तो सन्न रह गया। वह दर्द से कराह उठा। पैर में चोटें थीं...खून बह रहा था। स्कूटर अलग पड़ा था। लोग दौड़कर आए। स्कूटर खड़ा किया और कोई उसके पापा को बुला लाया। भय और दर्द से उसके चेहरे पर हवाइयां उड़ रही थीं। उससे खड़ा होते नहीं बन रहा था।

पापा ने किसी तरह सहारा देकर उसे स्कूटर पर बिठाया और कहा, "कोई बात नहीं बेटा...अभी अस्पताल चलते हैं। सब ठीक हो जाएगा।" पापा ने जल्दी से स्कूटर चालू किया और चल दिए। थोड़ी दूर गए थे कि स्कूटर बंद हो गया। पापा आश्चर्य से बोले, "पेट्रोल कितना कम हो गया है, रिजर्व में आ गया लगता है।" उन्होंने फिर चालू किया और गेट से बाहर निकले ही थे कि स्कूटर फिर बंद हो गया। पापा खीज उठे, "कमाल है। परसों ही तो पांच लीटर भरवाया था। कमबख्त इस स्कूटर को अभी इस मुसीबत में ही धोखा देना था।"

अमित के अंदर बहुत कुछ घुमड़ रहा था—कैसे कहूं? कल ही उसने स्कूटर का पेट्रोल निकलवाया था। लगता है हिमांशु ने कुछ ज्यादा निकाल लिया। हे भगवान! मुझे क्या पता था कि ऐसी समस्या खड़ी हो जाएगी। ऐसा सोचते ही पैर की चोट के साथ-साथ उसका मन भी दर्द से सराबोर हो उठा।

पापा ने स्कूटर सड़क के किनारे खड़ा किया और कहा, "घबराओ मत, जरा सहन करो। अभी ऑटो रिक्शा या टैक्सी लाता हूं।" पापा बौखलाए-से ऑटो रिक्शा के लिए दौड़ पड़े। कुछ कारों को रोकने की कोशिश की, पर सब उपेक्षा कर गए। इधर अमित के पैर से खून बह रहा था और मन पश्चात्ताप से रो रहा था, 'अगर वह चोरी न करता तो आज उसकी और पापा की ऐसी दुर्दशा न होती। वे सड़क पर असहाय खड़े तमाशा न बनते।'

पापा ऑटो रिक्शा ले आए। अमित को बिठाया और क्लीनिक पहुंचे। क्लीनिक पहुंचकर जब पापा पैसे देने के लिए पर्स निकालने लगे तो पहले से तैयार अमित ने फुरती से अपनी जेब से बीस का एक नोट निकालकर ऑटो वाले को दे दिया।

पापा चौंके, "अरे अमित...अपना जेबखर्च रहने दो। मैं पैसे दे रहा हूं।"

"नहीं पापा, यह खर्च मुझे ही उठाने दें। प्लीज!" कहकर वह कराहने लगा।

पापा ने ज्यादा बहस करना उचित नहीं समझा। क्लीनिक में जब डॉक्टर उसके पैर की चिकित्सा कर रहा था तो अमित अपने मन की क्लीनिक में भी कुछ निश्चय करके अंदरूनी घाव की चिकित्सा स्वयं कर रहा था।

सबसे बड़ी पूजा

आज मुझे खुद ही आश्चर्य हो रहा था कि दादी मां ने मेरी शरारत पर मुझे पीटा क्यों नहीं? वैसे, जब-जब मैंने ऐसी शरारत की है, सदा ही दादी मां के हाथों पिटता रहा हूं। आज भी तो मैंने यही सोचा था कि अब दादी मां गुस्से से बड़बड़ाती हुई मेरे कान उमेठेंगी और मेरी बदतमीजी को कोसते हुए दो-तीन झापड़ रसीद कर देंगी। मगर आखिर ऐसा हुआ क्यों नहीं? आज यह परिवर्तन कैसा? कहीं सूरज पूरब के बजाय आज पश्चिम में तो नहीं उग आया है?

मैं मुंह बाये दादी मां की तरफ टुकुर-टुकुर ताके जा रहा था। और कोई दिन होता तो आंखें मींचते हुए बस बिसूरने लगता। दादी मां बड़बड़ाते हुए आगे बढ़ती जातीं और मैं रुआंसी सूरत बनाए उनके पीछे-पीछे घिसटता चला जाता। मगर आज की बात ही कुछ और है। मैं आंखें फाड़-फाड़कर देखे जा रहा हूं—दादी मां को, उनकी बदली हुई भावनाओं को।

मुझे एकाएक दादी मां का वह गुस्सैल चेहरा याद हो आया जिसे

देखकर मैं अंदर ही अंदर थरथरा उठा था। बात उन दिनों की है, जब मैं सातवीं कक्षा का छात्र था। जब दादी मां पूजा के समय रटी रटाई कुछ ही पंक्तियां मैना की तरह रोज दोहरातीं तो मेरे मुंह से हँसी का फव्वारा फट पड़ता था। 'दादी मां...रट्टू मैना!' मैं मन-ही-मन बुदबुदाकर ठहाके लगाने लगता था।

दादी मां बार-बार अचरज से भरकर पूछतीं, "क्या हुआ?"

"कुछ भी तो नहीं," कहता हुआ मैं बाहर भाग जाता था। हां, तो मैं बात कर रहा था दादी मां के गुस्सैल चेहरे की। उन दिनों कार्तिक पूर्णिमा के अवसर पर सोनपुर में हरिहर क्षेत्र का मेला लगने वाला था। दादी मां पटना में गंगास्नान करके बाबा हरिहरनाथ को जल चढ़ाने जाने की तैयारियां कर रही थीं। मेरी आंखों में नाच उठा था एशिया का प्रसिद्ध मेला—हरिहर क्षेत्र! हाथी, घोड़े, सरकस, भीड़ और तरह-तरह की मिठाइयां!

मन-ही-मन राल टपकाता हुआ मैं मचल उठा था, "दादी मां, मैं भी चलूंगा मेला घूमने।"

"तू मेला घूमने जाएगा? जानता नहीं मेले में लकड़सुंघवा आता है? जादू की लकड़ी सुंघाकर बच्चों को अपने वश में कर लेता है और फिर अपने साथ भगाकर दूर लिए चला जाता है!" दादी मां ने मुझे डराते हुए कहा।

मगर मैं अपनी जिद पर अड़ा रहा। उन्हें खुश करने की गरज से चिरौरी की, "दादी मां, आपकी पूजा वाली टोकरी भी मैं ही उठा लूंगा, ठीक है न?"

"तू मेरी टोकरी ले चलेगा?" दादी मां के होंठों पर मुस्कान थिरक उठी, "वहां इतनी भीड़ होती है कि तू टोकरी क्या, अपने आपको ही नहीं संभाल पाएगा, समझा!"

"मैं बराबर आपकी उंगली पकड़े रहूंगा, दादी मां," मैंने एक बार फिर गुहार लगाई, "मुझे भी साथ लेते चलिए न!"

“अच्छा चलो, फटाफट तैयार हो जाओ।” दादी मां की इजाजत मिलते ही मैं हरिण-सी कुलांचे भरता तैयार हो गया था।

उन दिनों गंगा पार करने के लिए विश्वप्रसिद्ध महात्मा गांधी सेतु का निर्माण नहीं हुआ था। महेन्द्रू घाट पहुंचकर दादी मां ने गंगास्नान किया और हम उस पार पहुंचने के लिए स्टीमर में जा बैठे थे। उस रोज मैं पहली बार स्टीमर में बैठा था। मेरा मन बल्लियों उछल रहा था। तभी स्टीमर ने भोंपू बजाया और धुआं उगलता हुआ पानी को चीरकर आगे बढ़ने लगा था। यहां से वहां तक गंगा का कल-कल, छल-छल करता हुआ पानी और तेजी से भागता हुआ स्टीमर। मैं मंत्रमुग्ध-सा, बस चारों ओर देखे जा रहा था।

तभी एक अंधे भिखारी ने मेरा ध्यान भंग किया था, “कुछ दे दो बाबू, इस अंधे लाचार को...भगवान भला करेगा...।” मैंने दादी मां की ओर प्रश्नवाचक दृष्टि से देखा था।

उन्होंने उसे झिड़क दिया था, “कितनों को दें? यहां से वहां तक बस भिखमंगे ही तो भरे पड़े हैं। चलो, आगे बढ़ो।”

भिखारी चुपचाप आगे बढ़ गया था। फिर मैं स्टीमर में बैठे-खड़े, बोलते-बतियाते हुए लोगों की बहुरंगी बातों में खो गया था। तभी दादी मां ने मेरा ध्यान अपनी ओर खींचा था, “भागवत, ये लो गंगामैया की धारा में फेंक दो।”

मैंने एक बार चवन्नी को देखा, फिर दादी मां को। भला इस सिक्के को पानी में बहा देने से क्या फायदा? मैंने चवन्नी फेंकने का नाटक भर किया था और दादी मां से आंख बचाकर सिक्के को आहिस्ता से जेब में रख लिया था।

ज्यों ही हम बाबा हरिहरनाथ के मंदिर के दरवाजे के पास पहुंचे, दादी मां ने मुझे समझाते हुए कहा था, “भागवत, बस यहीं से भगवान हरिहरनाथ को प्रणाम कर लो। यहीं किनारे खड़े रहना, समझे? मैं जल चढ़ाकर बस अभी आई।”

दादी मां के आने में जब ज्यादा देर हुई तो मैंने एक मूंगफली वाले को हांक लगाई और उसी चवन्नी की मूंगफली खरीदकर कुतरने लगा था।

"अरे, यह मूंगफली कहां से पाई? किसी से मांग ली क्या?" दादी मां की प्रश्नसूचक आंखों को देखकर मैं सहम गया था।

"नहीं तो...खरीदी हैं"...मैं हड़बड़ी में हकला उठा था।

"मगर पैसे कहां से लाए?" दादी मां का सवाल गूंजा था, "तो क्या जो पैसे मैंने तुम्हें गंगामैया में फेंकने के लिए दिए थे वे तुमने रख लिए थे?" इससे पहले कि मैं सफाई पेश करता, दादी मां ने बायें हाथ से मेरा कान पकड़ लिया था।

मैंने उनके चेहरे की तरफ दृष्टि गड़ाई थी। उनकी लाल-लाल आंखें आग उगलने लगी थीं। उन्होंने कई तमाचे मेरे गाल पर जड़ दिए थे। मूंगफलियों को छीनकर उन्होंने दूर फेंक दिया था। मन-ही-मन मैं तिलमिलाकर रह गया था।

"मुझसे चोरी...गंगामैया से चोरी...दरिद्र हो जाएगा तू दरिद्र...कोढ़ फूटेंगे...पापी कहीं का!" दादी मां ने दांत पीसते हुए मुझे कोसना जारी रखा था।

उनके चेहरे की भयानकता ने मेरे रोंगटे खड़े कर दिए थे। आंखें छलछला आई थीं। गाल सहलाते हुए मैं सिसकता जा रहा था। इतने सारे लोगों के बीच हुए अपमान से मारे शर्म के मैं पानी-पानी हो गया था।

मेले से वापस लौटकर मैं सब कुछ भूल चुका था। तभी तो मंगलवार के दिन, जब दादी मां हनुमानजी के मंदिर में प्रसाद चढ़ाने जाने लगीं तो हमेशा की तरह उस रोज भी मैं ठीक समय से तैयार हो गया था। नहा-धोकर मैंने दादी मां की पूजा की टोकरी संभाली थी और उनके पीछे-पीछे पटना जंक्शन के बगल वाले हनुमान मंदिर की तरफ बढ़ चला था। वास्तविकता यह थी कि

प्रसाद के रूप में मिले लड्डुओं को खाने के लिए ही मैं वहां जाया करता था। मैं बदले में दादी मां की टोकरी संभाले रहता और वहां दरवाजे के पास खड़ा होकर उनकी चप्पलों की रखवाली किया करता था।

मंदिर के पश्चिमी छोर पर पहुंचते ही सदा की भांति मैं भिखमंगों की कतार की तरफ देखने लगा। मुझे देखते ही एक दीन-हीन कोढ़ग्रस्त व्यक्ति कराह उठा, "बाबू भैया, करिहें दान...धरमी को धन दे भगवान!"

"दादी मां, लगता है कि भूख से बिलबिला रहा है। कुछ पैसे दे दीजिए न!" मैंने दादी मां से सिफारिश की थी।

"चलो-चलो! भागो यहां से जल्दी, वरना अगर कहीं कोई बीमारी हो गई तो..." दादी मां ने नाक पर रूमाल रखते हुए मुझे डपट दिया था।

दादी मां के चेहरे पर उग आई क्रोध की रेखाएं देखकर मैं डरकर सहम गया था। कनखियों से पीछे मुड़कर देखते हुए मैं मंदिर के दरवाजे पर पहुंच तो गया था, मगर उस भिखमंगे का विलाप बार-बार मेरे मन को आंदोलित कर रहा था। न जाने क्यों?

और आज तो हद ही हो गई। इस बीच मैंने जोड़-जोड़कर एक रुपया इकट्ठा कर लिया था और सोचा था कि आज दादी मां से नजरें चुराकर वह रुपया उस कोढ़ी के कटोरे में डाल दूंगा। मगर कोढ़ी पर नजर पड़ते ही मैं दंग रह गया था। उसी स्थान पर उसे लिटा दिया गया था और बदन पर एक सफेद चादर ओढ़ा दी गई थी। दो-तीन भिखमंगे गला फाड़-फाड़कर गुहार लगा रहे थे, "एक लाचार मर गया...दानियो! कफन के लिए दान करो...भगवान के दरबार में पुण्य कमाओ!"

जो भी आदमी उधर से होकर गुजर रहा था, अपनी हैसियत के मुताबिक रुपए, दो रुपए, अठन्नी, चवन्नी उसकी मृत देह पर

फेंकता जा रहा था। दादी मां ने भी एक रुपए का एक नोट निकाल लिया और उसकी तरफ फेंकने ही जा रही थीं कि मैंने उनका हाथ पकड़ लिया, "दादी मां, यह आप क्या कर रही हैं?"

उन्होंने अचरज से मेरी ओर देखा था। फिर मुस्कराते हुए कहा, "लो, तुम्हीं फेंक दो। भगवान के दरबार में पुण्य मिलेगा!"

"पुण्य?" न जाने मुझमें वह कौन-सी ऐसी शक्ति आ गई थी कि मैं दादी मां का खुलकर विरोध करने पर आमादा हो गया था। "दादी मां! जब उस लाचार को जरूरत थी, तब तो आप नाक-मुंह सिकोड़कर यहां से गुजरती थीं। आज कफन के लिए आप एक रुपया फेंक रही हैं? क्या पूजा का यही अर्थ होता है? एक तरफ पत्थर की प्रतिमा की पूजा और दूसरी ओर दीन-दुखियों का तिरस्कार?"

मैं जानता था, दादी मां मेरी बदतमीजी पर गुस्सा होकर मुझे पीटेंगी...मगर ऐसा कुछ नहीं किया उन्होंने। कुछ देर तक वह मुझे अपलक देखती रहीं। फिर उन्होंने मेरी पीठ थपथपाते हुए कहा, "तुम ठीक कह रहे हो, भागवत! सचमुच अब तक मेरी पूजा अधूरी थी। तुमने मेरी आंखें खोल दीं। दीन-दुखियों की सेवा और असहायों की मदद ही तो सबसे बड़ी पूजा है!" दादी मां ने मुझे प्यार से गले लगा लिया।

प्यार का कर्ज

नीरज अपने माता-पिता के साथ छुट्टियों में शिमला घूमने गया था। देवदार और चीड़ के हरे-भरे वृक्ष बहुत ही सुंदर लग रहे थे। कहीं-कहीं उनके बीच में लाल गुच्छों वाले फूलों के रोडोडेंड्रोन वृक्ष थे, जो अत्यंत आकर्षक थे। नीरज को यह सब बड़ा अलौकिक लग रहा था। उसका मन करता था कि इस परीलोक से वातावरण में घूमता ही रहे।

वह रोज अपने माता-पिता के साथ किसी-न-किसी दर्शनीय स्थल पर जाता। नारकंडा से बर्फ से ढकी चोटियां दिखाई दे रही थीं और वे धूप में झिलमिल करती अनोखी लग रही थीं। एक अनूठी मादकता से फिजा झूम रही थी। चैल में महाराजा का महल बड़ा भव्य था। उसकी सुंदरता देखने योग्य थी। नीरज को सबसे अधिक आनंद आया जाकू पहाड़ पर। वहां एक मंदिर था। रास्ते भर वृक्षों पर और सड़क के किनारे बंदरों की उछल-कूद देखकर नीरज को बड़ा अच्छा लगा। नीरज को बंदरों की तरह-तरह की हरकतें देखकर बहुत हँसी आई।

बंदरों के छोटे-छोटे बच्चे जब एक डाली से दूसरी डाली पर ऊंची छलांग लगाते तो नीरज भी खुशी से उछलता। कुछ बंदर रास्ता चलते यात्रियों की जेबें टटोलकर देखने लगते। अगर कुछ खाने का सामान मिलता तो उसे छीनकर दावत उड़ा जाते। एक महिला का पर्स ले लिया और जब देखा उसमें कुछ नहीं है तो वापस फेंक दिया। ऐसे-ऐसे खिलवाड़ देखकर नीरज बेहद खुश था।

नीरज को अपना शिमला प्रवास इसलिए और भी अच्छा लग रहा था क्योंकि उसे अपने माता-पिता का साथ अधिक समय तक मिल रहा था। दिल्ली में तो उसके माता-पिता बहुत व्यस्त रहते थे और नीरज के साथ अधिक समय नहीं बिता पाते थे। नीरज को ज्यादातर अकेले रहना पड़ता था। पिता मेहरा साहब प्रोफेसर थे और रिसर्च के काम में लगे हुए थे। नीरज की मां भी नौकरी करती थी। वह संस्कृति विभाग में थी, इस कारण रोज ही किसी न किसी कार्यक्रम में व्यस्त रहती थी। अपने एकाकीपन से नीरज ऊब जाता था। घर में नौकरानी काम संभालती थी। इसी कारण नीरज का मन कर रहा था कि वह शिमला में और ज्यादा दिन तक रहे। पर छुट्टियां खत्म होने वाली थीं। नीरज दूसरी कक्षा में पढ़ता था।

एक रात को जब वे लोग शिमला के होटल में सो रहे थे, तब जोर की खड़-खड़ आवाजें आईं। नीरज की नींद खुल गई। उसने कहा, "पिताजी, क्या ये बंदर रात को भी उछल-कूद मचाते हैं?"

पिताजी ने उत्तर दिया, "नहीं बेटे, रात को तो ये भी शांति से रहते हैं। लगता है ये परेशान हैं और किसी को ढूंढ़ रहे हैं।"

मां ने कहा, "हां, यही बात होगी। एक छोटे बंदर की चीं-चीं की आवाज रुक-रुक कर आती है। आवाज के बाद कुछ बंदर भागते हैं और फिर निराश होकर रह जाते हैं। ऐसा मालूम पड़ता है कि बंदर का कोई बच्चा फंस गया है और अन्य बंदर उसे ढूंढ़ने की कोशिश कर रहे हैं।"

पिता जी ने हां में हां मिलाते हुए कहा, “इन बंदरों में बड़ी एकता होती है। एक-दूसरे की मदद करने के लिए हमेशा तैयार रहते हैं। देखो, हर बार छोटे बंदर की आवाज पर कैसे भाग रहे हैं? वे भी अपनी आवाज में कह रहे हैं कि तुम घबराओ नहीं, हम अभी आते हैं।”

नीरज के माता-पिता बड़े दयालु स्वभाव के थे। उन्होंने गौर से बंदर के बच्चे के कराहने की आवाज सुनी और बाहर निकले।

बाहर बड़ा अंधेरा था। वातावरण में धुंध छाई हुई थी। दूर घरों की रोशनी टिमटिमा रही थी। नीरज के पिता ने टॉर्च जलाकर देखा कि एक दूधमुंहा नन्हा-सा बच्चा अपनी मां के शव के पास बैठा था। नीरज के पिता ने कहा, “लगता है कि इस बच्चे की मां बिजली के तार का करंट लगने से मर गई है। बच्चा छिटककर गिर गया और जीवित है।”

नीरज की मां ने कहा, “यह बच्चा झाड़ियों में छिपा हुआ था, इसलिए उन बंदरों को नहीं मिल पाया, वरना वे इसे जरूर ढूंढ़ लेते। चलिए, अब हम बंदर के इस बच्चे को अपने होटल में ले चलते हैं। मुझे इस पर बहुत दया आ रही है।”

नीरज उस बच्चे को देखकर बहुत खुश हुआ। वह चहककर बोला, “मां, कितना प्यारा, भोला-भाला है। कैसे टुकुर-टुकुर देख रहा है। लेकिन इसकी आंखों में आंसू क्यों हैं?”

मां ने उत्तर दिया, “बेटे, यह अपनी मां के बिछुड़ने से बहुत दुखी है। इसकी मां बिजली का करंट लगने से मर गई है। देखो, यह दूध भी नहीं पी रहा है। मैं रुई के फाहे से दूध पिलाना चाहती हूं, परंतु यह मुंह फेर लेता है!”

“मैं कोशिश करके देखता हूं मां, शायद यह मेरे हाथ से पी ले,” नीरज ने कहा। बच्चे ने बड़े करुण नेत्रों से नीरज को देखा और फिर उसके हाथ से दूध पी लिया।

नीरज ने कहा, "मां, यह मेरा दोस्त बन गया है। मैं इसे अपने साथ दिल्ली ले जाऊंगा।"

"नहीं मेरे बेटे, बंदर का बच्चा पालने वाली चीज नहीं है। हम इसे यहीं छोड़ जाएंगे। दूसरे बंदर इसे प्यार से अपनी टोली में मिला लेंगे। इनमें भी इंसानों की तरह ही संवेदनशीलता होती है," मां ने बताया।

नीरज के पिता बोले, "भई ये हमारे पुरखे हैं। हम इन्हीं के तो वंशज हैं। इसलिए ये भी हमारी तरह सोचते-विचारते हैं। हमारी ही तरह आचार-व्यवहार करते हैं। लेकिन नीरज बेटे, हम इसे दिल्ली नहीं ले जाएंगे।"

परन्तु नीरज मचल उठा। वह अपने माता-पिता का बहुत लाड़ला था।

नीरज की मां ने कहा, "हम लोग कार में दिल्ली लौट रहे हैं। बंदर के इस बच्चे को साथ ले चलिए। कुछ दिन नीरज के साथ रहेगा। बाद में नीरज का मन खुद ही और बातों में लग जाएगा। अब वह जिद कर रहा है तो मान जाइए। सच पूछिए तो मेरा मन भी इस नन्ही-सी जान को छोड़कर जाने को नहीं कर रहा है। बंदर के इस बच्चे में न जाने कैसी कशिश है।"

मेहरा साहब हँसकर बोले, "नीरज के साथ-साथ तुम भी बच्चा बन गईं? दिल्ली जाकर तुम्हें वक्त मिलेगा?"

नीरज बीच में ही बोला, "पापा, मैं इसे संभाल लूंगा। मैं इसे दिल्ली जरूर ले जाऊंगा।"

इस प्रकार बंदर का वह छोटा-सा बच्चा दिल्ली आ गया। नीरज उसे प्यार से मुन्नू कहता था। घर के आंगन में मुन्नू के लिए एक झूला डाल दिया गया था। नीरज उसे बेहद प्यार करता था। अब उसका एकाकीपन दूर हो गया था। स्कूल से आते ही वह उसे गोद में ले लेता और उसके कोमल शरीर को प्यार से सहलाता। नीरज

उसे तरह-तरह की बातें सिखाता था। मुन्नू अब माउथ-ऑरगन पर धुन बजा लेता था। रेडियो के संगीत पर ऐसे ठुमकता था मानो लय-ताल का पूरा ज्ञान हो। नीरज के हर इशारे को वह समझने लगा था। मुन्नू बहुत ही अक्लमंद होता जा रहा था।

नीरज अपनी कक्षा के बच्चों को अपने मुन्नू की बातें मजा ले-लेकर बताता था। अपने दोस्तों से कहता, "मेरा मुन्नू तो बंदर का बच्चा लगता ही नहीं है। वह तो आदमियों की तरह प्लेट-प्याले से चाय पीता है। ऐसी-ऐसी नकलें करता है कि देखकर तबियत खुश हो जाए।"

नीरज के दोस्तों ने अनुरोध किया, "एक दिन तू अपने मुन्नू को स्कूल ले आ। तब हम भी देखेंगे कि तेरा प्यारा मुन्नू कितना होशियार है।"

नीरज ने कहा, "अच्छा, मैं कल चुपके से उसे स्कूल लाऊंगा। तुम्हें दिखाकर उसी वक्त वापस घर चला जाऊंगा।"

नीरज मुन्नू को अपने बस्ते में छिपाकर स्कूल ले गया। वहां सभी बच्चे बड़ी उत्सुकता से उसे गोद में लेने को आतुर थे। मुन्नू इतने सारे बच्चों के बीच में थोड़ा घबरा गया। नीरज अपने कुछ दोस्तों से बातें करने में मस्त था कि तभी मुन्नू निगाह बचाकर सीढ़ियों के ऊपर चला गया। वहां प्रिंसिपल साहब का कमरा खुला देखकर अंदर घुस गया। उस वक्त चपरासी कहीं चला गया था। प्रिंसिपल साहब भी कमरे में नहीं थे। मुन्नू उनके कमरे से उनके टायलेट में घुस गया। दरवाजा अंदर से बंद हो गया तो वह खटखटाने लगा।

शोर सुनकर सब लोग अंदर गए तो देखा कि बंदर का बच्चा उछल-कूद कर रहा था। चपरासी ने बड़ी मुश्किल से उसे पकड़ा, क्योंकि डर के मारे मुन्नू रोशनदान पर चढ़ गया था। अन्य कक्षाओं के बच्चे भी भागकर इस तमाशे को देखने आ गए थे। सारे स्कूल में कोहराम मच गया था कि बंदर का एक बच्चा घुस आया है। बेचारे

नीरज को बड़ा अजीब लग रहा था। उसी के कारण यह सब हंगामा हुआ था।

उसने प्रिंसिपल साहब से माफी मांगी, "सर, मैं इस बच्चे को अपने दोस्तों को दिखाने के लिए लाया था। मुझे पता नहीं कि कब यह आपके कमरे में आ गया। मुझे शर्मिंदगी है। माफी चाहता हूं।"

प्रिंसिपल साहब को मन में हँसी भी आ रही थी और गुस्सा भी आ रहा था। वे नाराजगी दिखाते हुए बोले, "यह अनुशासन की बात है। तुम्हें किसी पालतू जानवर को स्कूल नहीं लाना चाहिए। मैं आज ही तुम्हारे पिताजी से इस बारे में बात करूंगा। यह चिट्ठी लेकर बंदर के बच्चे के साथ अभी घर चले जाओ।"

पिताजी भी नीरज पर बहुत नाराज हुए। उन्होंने कहा, "नीरज, अब तुम समझदार हो गए हो। पढ़ाई में ध्यान दो। मैं आज ही मुन्नू को जंगल में भिजवा देता हूं। बेटे, बंदर के बच्चे को पालतू बनाना ठीक नहीं है। हमने इतने दिन तुम्हारा कहना मान लिया। अब तुम राजा बेटे की तरह हमारी बात मान लो।"

नीरज ने अपराधी-सा महसूस करते हुए विनम्रता से कहा, "पापा, बस कुछ दिन और इसे मेरे पास रहने दीजिए। मैं वादा करता हूं कि तीसरी कक्षा में आते ही फिर जिद नहीं करूंगा। आप एकदम से मुन्नू को मुझसे मत छीनिए। यह मेरा दोस्त है। कुछ दिन और साथ रहने दीजिए पापा, प्लीज!"

इतना सहम गया था नीरज, कि मां और पिताजी को अपने दुलारे का दिल रखने के लिए झुकना ही पड़ा।

मां ने कहा, "देखिए, नीरज को मुन्नू से बहुत लगाव है। बच्चों से गलती हो ही जाती है। हमारा बेटा खुद अपनी गलती महसूस कर रहा है। उसे मानसिक रूप से तैयार होने दीजिए। वह स्वयं मुन्नू को अलग करने पर राजी हो जाएगा। मुन्नू के साथ कितना

खुश रहता है नीरज! अभी मुन्नू को जंगल में भिजवाना ठीक नहीं रहेगा। नीरज समझेगा कि उसे सजा दी गई है।"

पिताजी राजी हो गए कि दो-चार महीने की तो बात है। मुन्नू की ममत्व भरी आंखें देखकर वह स्वयं उसे प्यार करने लगे थे। जब भी वह थके-हारे घर लौटते तो मुन्नू प्यार से उनके कंधे पर बैठ जाता था। ऐसे स्नेह से सिर सहलाता था कि उनकी सारी थकान दूर हो जाती थी। मुन्नू से बिछुड़ना उनके लिए भी दुखदायी होता।

तभी एक ऐसी घटना हुई कि मुन्नू, मेहरा साहब और उनकी पत्नी की आंखों का तारा हो गया। बात यह हुई कि एक दिन नीरज और मुन्नू घर में अकेले थे। नौकरानी बाजार गई हुई थी। मेहरा साहब अपने काम से शहर से बाहर गए थे और श्रीमती मेहरा कार्यालय गई हुई थीं।

दो आदमी घर में आए। उन्होंने नीरज से कहा, "हम तुम्हारे पिताजी के दोस्त हैं। तुम्हारे पिताजी घर आ रहे थे कि उनका एक्सीडेंट हो गया। वह अस्पताल में हैं। उनकी हालत खराब है। तुम चलकर उनसे मिल लो।"

नीरज बहुत घबरा गया और रोने लगा।

उन लोगों ने उसे एक टॉफी देते हुए कहा, "बेटे, घबराने की बात नहीं है! यह मुंह में डाल लो तो तुम्हारी घबराहट कम हो जाएगी। तुम जल्दी से हमारे साथ चलो। मेहरा साहब तुम्हें बहुत याद कर रहे हैं।"

नीरज ने टॉफी मुंह में डाल ली। तुरंत उसे चक्कर-सा आया। उन आदमियों ने नीरज को एक बड़े-से थैले में डाल लिया और स्कूटर में ले गए। मुन्नू यह कांड देख रहा था। वह समझ गया कि कुछ गड़बड़ है। ये लोग उसके दोस्त को थैले में क्यों ले जा रहे हैं। मुन्नू ने तुरंत उन आदमियों का पीछा किया। वह एक मकान से दूसरे मकान पर कूदता-फांदता बराबर उनका पीछा करता रहा।

कुछ दूर जाकर वे एक जंगल में घुस गए। उन्होंने नीरज को एक खंडहरनुमा मकान के कमरे में बंद कर दिया। नीरज होश में आने पर रोने लगा तो बदमाश बोले, "घबराओ नहीं, हम तुम्हें चोट नहीं पहुंचाएंगे। जैसे ही तुम्हारे पिताजी तुम्हें छुड़ाने के लिए रुपए लेकर आएंगे, हम तुम्हें वापस भेज देंगे।" यह कहकर उन्होंने नीरज को डबल-रोटी खाने को दी और ताला बंद करके चले गए।

उनके जाते ही मुन्नू ने कमरे की खिड़की से नीरज को अपनी आवाज में पुकारा। मुन्नू का प्यार देख नीरज की आंखों में खुशी के आंसू आ गए। वह समझ गया कि मुन्नू अब मुझे छुड़वा लेगा। नीरज ने तुरंत उसे एक कागज पर चिट्ठी लिखकर दी, "पिताजी, मुझे बदमाश उठा लाए हैं। मुन्नू आपको जगह बता देगा। आप जल्दी ही मुझे छुड़वा लीजिए।" यह अच्छा था कि नीरज हमेशा अपनी जेब में एक पेंसिल और कागज रखता था। उसे ड्राइंग करने का बहुत शौक था, इसी कारण जब भी मौका लगता था वह ड्राइंग करने लगता था। आज वही कागज-पेंसिल उसके काम आ गए।

मुन्नू वह कागज लेकर घर गया। उससे पहले ही वे गुंडे एक पत्र घर में डाल गए थे–"श्रीमान प्रोफेसर साहब, यदि आपको अपने बेटे को छुड़ाना है तो पचास हजार रुपए लेकर परसों कुतुब के पास बगीचे में मिलें। एक आदमी लाल स्कार्फ और सफेद पेंट पहने आपको मिलेगा। वह गुलाब का फूल अपने हाथ में लिए होगा। खबरदार, अगर आपने पुलिस वालों से सांठ-गांठ की तो आपका लाड़ला बेटा नीरज जीवित नहीं बचेगा!"

प्रोफेसर मेहरा लौट आए थे और अपनी पत्नी के साथ चिंतित बैठे थे। पत्र पाकर उनके होश-हवास गुम हो गए थे।

नीरज की मां बोली, "ये कौन लोग होंगे जो हमसे वैर निकाल रहे हैं? आप कहीं से भी पचास हजार रुपयों का इंतजाम करके नीरज को ले आइए।"

तभी नीरज का पत्र लेकर मुन्नू वहां आया। उसे पढ़ते ही मेहरा साहब की बांछें खिल गईं। वह खुशी से दमकते हुए बोले, "लो, हमारी सारी समस्या मुन्नू ने पल भर में सुलझा दी। बंदर का यह बच्चा कितना होशियार निकला! मैं अभी पुलिस वालों को लेकर मुन्नू के साथ जाता हूं।"

मेहरा साहब ने मुन्नू को बहुत प्यार किया और बोले, "चलो बेटे मुन्नू, हमें वह जगह बता दो जहां तुम्हारा दोस्त कैद है।"

पुलिस वालों की जीप से मेहरा साहब नीरज के पास गए। मुन्नू इशारे से बराबर रास्ता बता रहा था। खंडहर में जाकर पुलिस वाले छिप गए। जैसे ही वे दोनों बदमाश नीरज के पास आए, पुलिस वालों ने उन्हें हथकड़ियां पहना दीं।

मुन्नू नीरज को ऐसे प्यार किए जा रहा था मानो न जाने कब का बिछुड़ा हुआ हो। यह भावुकतापूर्ण दृश्य देखकर मेहरा साहब की आंखें भी सजल हो गईं।

पुलिस वाले बेहद खुश थे कि इतने कुख्यात अपराधी पकड़े गए थे। वे बोले, "मेहरा साहब, जानवर आदमियों से ज्यादा समझदार और वफादार होते हैं। हमें इन दोनों गुंडों की बहुत दिनों से तलाश थी। यह इनका धंधा ही था कि छोटे बच्चों को, टॉफी, चॉकलेट देकर बेहोश करके गायब कर दें और फिरौती लेकर वापस करें। बच्चों को मार न दिया जाए इस डर से लोग रिपोर्ट नहीं लिखवाते थे। कमाल तो आपके इस बंदर ने किया है!"

जब नीरज घर पहुंचा तो उसकी मां ने नीरज को तो कलेजे से लगाया ही, मुन्नू को भी खूब प्यार किया। मुन्नू के चेहरे से साफ प्रतीत हो रहा था कि वह बहुत गर्व का अनुभव कर रहा है। वह हीरो बना हुआ था। आस-पड़ोस के लोग भी आकर मुन्नू की प्रशंसा कर रहे थे। नीरज को बचाकर मुन्नू ने प्यार का कर्ज चुका दिया था।

सच्ची स्वतंत्रता

पंद्रह अगस्त का दिन भारत का स्वतंत्रता-दिवस होता है। चारों ओर उत्सव मनाए जा रहे थे, किन्तु मनु और उसके मित्रों के मन बेचैन थे। उन्हें क्रोध आ रहा था अपने गुरुजनों पर, शिक्षकों पर, स्कूल के प्रधानाचार्य पर तथा अपने देश के बड़े-बड़े नेताओं पर।

वे उद्यान में बैठे अपने मन की भड़ास निकालने के लिए अपने दिल की बात एक-दूसरे से कह रहे थे।

"ये स्वतंत्रता की बातें, आजादी के नारे सब खोखले हैं।"

"और नहीं तो क्या, हमें तो गुलामों से भी अधिक बंधनों में जकड़ रखा है सबने।"

"हम तो अपनी मरजी से कुछ खा-पी भी नहीं सकते। कभी ठंडे की मनाही हो जाती है तो कभी गर्म की।"

"मुझे तो अपनी इच्छा से सोना-जागना भी नसीब नहीं हो पाता। तंग आ गया हूं मैं।"

"और मैं जब किसी सहेली के घर जाने की बात करती हूं तो झट से टोक दिया जाता है।"

"मैं तो जब भी खेलने लगता हूं, मम्मी डांट देती हैं।"

"क्या विद्यालय, क्या घर, हर जगह हिटलरशाही चलती है।"

"और तो और, पिकनिक में भी वही रोक-टोक। यह न करो, वह न करो, यहां न खेलो, वहां न बैठो, फूल न तोड़ो, क्यारियों में न चलो वगैरह-वगैरह।"

"और सबसे अधिक दुख की बात तो यह है कि ये सारे बंधन, सारे कानून और नियम हम बच्चों पर ही लागू होते हैं।"

"बड़ों का क्या है, वे तो जब भी जो चाहें वही कर सकते हैं। जब जी में आता है, बाहर चले जाते हैं और जब भी मन करता है, किसी को घर में बुला लेते हैं।"

सभी बच्चे फिर से मुंह लटकाकर बैठ गए। उन्हें तो एक फूल तोड़ने पर ही सारे स्कूल के सामने सजा मिल जाती है और बड़े लोग चाहे जितने गुलदस्ते या फूल-मालाएं बना सकते हैं।

वे अभी इन्हीं विचारों में डूबे हुए थे कि सारे वातावरण में एक विचित्र-सी रोशनी छा गई। एक अत्यंत शानदार रथ आकर उनके पास रुका और उस रथ में से उतरी एक कांतिमयी, गौरवर्ण, अपूर्व सुंदर देवी–स्वतंत्रता की देवी!

उस देवी के पूछने पर सब बच्चों ने अपनी-अपनी बात सुनाई। किसी ने आइसक्रीम की इच्छा व्यक्त की, तो किसी ने गोलगप्पे, चाट-पकौड़ी खाने की।

मनु की मम्मी उसे अधिक चॉकलेट नहीं खाने देती थी, तो ईशा को उसकी इच्छा के विरुद्ध हरी सब्जियां खानी पड़ती थीं। प्राची को बारिश में नहाने की मनाही थी, तो निधि को ज्यादा टी.वी. देखने की।

इसी प्रकार की शिकायतों की लंबी सूची सुनकर देवी मुस्करा दी। जब उन्होंने हँसते हुए पूछा कि वे क्या चाहते हैं तो बच्चों ने एक स्वर में उत्तर दिया–

"हम पूर्ण स्वतंत्रता चाहते हैं! हमें अपनी इच्छानुसार खेलने, खाने तथा पढ़ने की आजादी चाहिए।"

देवी ने "तथास्तु" कहा और उनके चारों ओर उनकी मन पसंद चीजों के ढेर लग गए। रंग-बिरंगे फूलों से क्यारियां लद गईं और खेल-कूद करने के लिए झूले, गेंद-बल्ले, ढेरों चित्र-कथा पुस्तकें, आइसक्रीम, चॉकलेट, चाट-पकौड़ी, जमी हुई बर्फ की तरह ठंडी कैंपाकोला और भी न जाने क्या-क्या...!

बच्चे खुशी से झूम उठे और लपककर फूल तोड़ने को भागे, तरह-तरह की चाट-पकौड़ी खाईं। जलजीरा, आइसक्रीम, भांति-भांति की चॉकलेट, झूले इत्यादि में उन्हें समय का ज्ञान ही नहीं रहा।

अब तो उनके मजे ही मजे थे। कोई भी उन्हें किसी काम से मना ही नहीं करता था। अब तो मम्मी-पापा भी न होमवर्क करने को कहते थे और न ही बारिश में भीगने से मना करते थे। अब तो स्कूल की किताबों के स्थान पर कॉमिक्स पढ़ने से भी उन्हें कोई नहीं रोकता था।

वे जैसी मरजी हो वैसी पोशाक पहनकर विद्यालय चले जाते, जो पाठ पढ़ने का दिल होता, वही पढ़ते, किन्तु उन्हें कोई भी सजा नहीं मिलती थी। आखिर उन्हें स्वतंत्रता की देवी का वरदान जो मिला हुआ था।

उनके स्कूल के अन्य विद्यार्थी उनकी ओर ललचाई हुई नजरों से देखते थे, क्योंकि उन बेचारों को तो अब भी पूरे अनुशासन में रहना पड़ता था।

समय को तो मानों पंख लग गए थे। शुरू-शुरू में तो उनको इस सब में बड़ा आनंद आया, पर धीरे-धीरे उनका मन इस बेरोक-टोक की आजादी से ऊबने लगा। इसके अतिरिक्त उनकी इस बेलगाम स्वतंत्रता के परिणाम भी तो सामने आने लगे थे। क्यारियां

फूलों से लगभग खाली हो चुकी थीं। अधिक चटपटी तथा मसालेदार चीजें खाने के कारण किसी के पेट में दर्द था, तो आइसक्रीम इत्यादि के कारण किसी के गले में, किसी की दाढ़ या दांत में दर्द था, किसी की टांगें दर्द कर रही थीं। किंतु फिर भी न तो मम्मी दवाई पीने को विवश करती थीं और न ही डाक्टर उनकी इच्छा के विरुद्ध इंजेक्शन लगाते थे।

हां, एक बात जरूर थी। बच्चे जो भी बात कहते थे, घर के लोग उसे पूरी करने की कोशिश अवश्य करते थे।

और जब कक्षा में मासिक परीक्षा का प्रश्न-पत्र देखा तो उनके तो होश ही उड़ गए। किसी भी प्रश्न का उत्तर उन्हें ठीक तरह से नहीं आता था और जिनके उत्तर आते भी थे उन्हें पूरा नहीं लिख पाए थे क्योंकि इतने दिनों से उन्होंने लिखने का अभ्यास ही नहीं किया था।

परिणाम यह निकला कि मनु जो हमेशा ही कक्षा में प्रथम स्थान पर आता था, बड़ी मुश्किल से पास हो पाया था और उसकी दीदी ईशा तो फेल होते-होते बची थी। इकबाल विज्ञान में फेल था, तो राहत के गणित में बहुत कम नंबर आए थे।

जब खेल-कूद प्रतियोगिताएं हुईं तो वहां भी उनके दल का कोई भी सदस्य सेमी फाइनल से आगे नहीं पहुंच सका, जबकि यह पूरा दल ही विजेताओं की टीम के नाम से जाना जाता था।

इधर उनके स्कूल के अन्य विद्यार्थी भी उनकी उपेक्षा करने लगे थे। मनु की मंडली का पूर्ण रूप से आजादी पाने का सपना तो पूरा हो गया था, किंतु अब उन्हें इस आजादी में कोई आकर्षण नहीं दिखाई देता था। उनका उत्साह अब ठंडा पड़ चुका था। अब वे चाहते थे—कोई उन्हें फूल तोड़ने से मना करे, अपना समय बरबाद करने पर डांटे अथवा कम अंक पाने के कारण सजा दे। किंतु कोई भी उन्हें कुछ नहीं कहता था। वे चाहे कितना भी उपद्रव मचाते,

कितनी भी शरारतें करते, घर तथा स्कूल के गुरुजन उनकी हर बात को हँसकर टाल देते थे।

वे दुखी, उदास मन से उसी बगिया में इकट्ठे हुए जहां पर कि 15 अगस्त के दिन हुए थे। किंतु वहां की दुर्दशा देखकर उनका दिल भर आया। आंखों में आंसू आ गए। उन्होंने देखा कि चारों ओर जमीन पर सूखे फूल-पत्तियों के बीच, कच्चे अधपके फल बिखरे पड़े थे जिन्हें उन्होंने अकारण ही तोड़ लिया था। चॉकलेट तथा आइसक्रीम के खाली पैकेट तथा चाट-पकौड़ी के जूठे पत्तों पर मक्खियां भिनभिना रही थीं। यह वही स्थान था जहां पर उनको हर मनपसंद वस्तु बिना कोशिश के ही मिल जाती थी। वे पछताने लगे।

"हमने तो इस सुंदर बगिया का रूप ही बिगाड़ दिया है!"

"अपनी आजादी के जोश में हमने अपनी इच्छाओं को पूरा तो कर लिया, किंतु यह नहीं सोचा कि अच्छे नागरिक होने के नाते हमारे कुछ कर्तव्य भी हैं।"

"देखो न, कभी यहां पर तितलियां उड़ती थीं, पक्षी चहकते थे और आज मक्खियों और मच्छरों की भरमार है!"

"फूलों की खुशबू के स्थान पर कूड़े की सड़ायंध आ रही है।"

"यहां इतनी गंदगी है कि अब दूसरे बच्चे यहां पर खेलना तो क्या, आने का नाम भी नहीं लेते।"

"इससे तो हमारा नियमों में बंधा जीवन कितना सुखमय था।"

"काश, हम आजादी के नियमों को गुलामी की जंजीरें न समझते!"

"और नहीं तो क्या, वह आजादी ही किस काम की जो हमें पतन की ओर ले जाए, दूसरों को दुख पहुंचाए।"

"याद है, हमारी मासिक परीक्षा के अंक देखकर मम्मी-पापा का मुंह कैसा उतर गया था?"

वे इसी प्रकार पश्चात्ताप कर रहे थे कि तभी पुनः अपने शानदार उजले रथ पर स्वतंत्रता की देवी वहां प्रकट हुईं। बच्चों ने भागकर

उनके चरण पकड़ लिए। उनसे अपनी गलतियों के लिए क्षमा मांगी और फिर पुरानी अनुशासन भरी जिंदगी जीने की इच्छा व्यक्त की तो पुनः सब कुछ पहले जैसा ही हो गया।

देवी ने कहा, "मेरे प्यारे बच्चो! याद रखो, आजादी में और अनुशासनहीनता में अंतर होता है। आजादी अपने साथ अधिकार ही नहीं लाती, कर्तव्य भी लाती है। तभी तो स्वतंत्र रहकर भी ये सूरज, चांद, सितारे अपने-अपने कर्तव्य में निरंतर लगे रहते हैं। ये संसार को सुख देते हैं। क्या कभी सूर्य ने कहा है कि मैं चलते-चलते थक गया हूं। अथवा क्या कभी वृक्षों ने फल-फूल धरती ने हमें अनाज और खनिज पदार्थ देने से मना किया है?"

सब बच्चे एक स्वर में बोले, "नहीं देवी मां!"

"तभी तो वे देवता कहलाते हैं। तुम भी चाहो तो देवता बन सकते हो!"

"कैसे मां?"

"दूसरों की सहायता करके। सच्चे अर्थों में आजाद देश के कर्तव्यशील नागरिक तथा अच्छे परिश्रमी विद्यार्थी बनकर!" इतना कहकर देवी अंतर्धान हो गई!

बच्चे हैरान रह गए। 'तो क्या यह सारा चमत्कार, मात्र एक सपना था?' वे सोचने लगे।

खैर जो भी हो, अब वे खुश थे।

नई दिशा की ओर

दसवीं के इम्तिहान बीस मार्च को समाप्त हो गए थे। अब अलका के सामने तीन माह की लंबी छुट्टियां थीं। दो-चार दिन तो बेफिक्री भरे आनंद से गुजरे। कभी अलका वी.सी.आर. में फिल्म लगा लेती, कभी चित्रकथाएं पढ़ने लगती और कभी टेपरिकार्डर में अपनी पसंद के गाने सुनने लगती। पर अब वह इन सबसे भी ऊबने लगी थी और सारा दिन पलंग पर लेटी-लेटी उबासियां भरती।

उसे यूं ऊबते देख उसके पापा बोले, "तुम्हारा नया सत्र तो जुलाई में प्रारंभ होगा। छुट्टियां यूं पलंग पर पड़े-पड़े गंवाने से तो अच्छा है कि कोई ऐसा काम करो जिससे तुम्हारा समय भी कट जाए और तुम्हें आत्मसंतोष भी मिले।"

"ऐसा भला कौन-सा काम होगा?"

"एक काम तो मैं ही बता देता हूं। तुम अपनी महरी की बेटी लक्ष्मी को ही अक्षरज्ञान करवा दो। तुम्हारे सहयोग से वह कम से कम चिट्ठी लिखने-पढ़ने के काबिल तो हो जाएगी। तुम्हारा समय कट जाएगा और उसकी जिंदगी बन जाएगी।"

"ओह, पापा!" अलका ने मुंह बिचकाया, "कैसा काम बताया आपने भी? मेरे बस का नहीं किसी निपट निरक्षर को अ आ इ ई रटाना। वैसे भी अक्षरज्ञान से कौन-सी अफसरी मिल जाएगी उसे? तब भी अपनी मां के साथ बरतन ही मांजा करेगी।"

"पढ़ाई सिर्फ नौकरी के लिए ही नहीं होती," पापा ने समझाया, 'शिक्षा जागरूकता लाती है, आत्मविश्वास लाती है। टी.वी. में रोज साक्षरता अभियान के विज्ञापन देखती तो हो तुम।"

"आपकी सलाह मुझे पसंद नहीं आई, पापा! मुझे छुट्टियां बितानी हैं, गंवानी नहीं हैं।"

बाप-बेटी की बहसबाजी देख, अलका की मां ने बीच का रास्ता निकाला। "ठीक है अलका, तुम अपनी पसंद का ही कोई काम चुन लो। जहां तक मेरा विचार है, तुम्हें चित्रकला की कक्षा में प्रवेश ले लेना चाहिए।"

"हां, यही ठीक रहेगा!" अलका प्रसन्न हो गई और उसी दिन जाकर उसने चित्रकला मंदिर में प्रवेश ले लिया। वहां प्रतिदिन शाम को दो घंटे चित्रकला का अभ्यास कराया जाता था। अध्यापक श्यामसुंदरजी एक कुशल तथा हँसमुख व्यक्ति थे। छात्राओं को बड़ी लगन के साथ अभ्यास कराते थे। उनके मार्गदर्शन में अलका की यह छिपी हुई प्रतिभा निखरने लगी। उसे मनोयोग से चित्रकारी करते देख वह अकसर कह देते, "तुम तो जन्मजात कलाकार हो अलका! इतने कम दिनों में तुम इतना कुछ सीख गई हो कि जितना और कोई नहीं सीख पाया। रेखांकन करने और रंग भरने दोनों में ही सिद्धहस्त हो तुम!"

अध्यापकजी की प्रशंसा से अलका का आत्मविश्वास और बढ़ गया। वह नियमित रूप से चित्रकला मंदिर जाती रहती थी। इस दौरान उसने कई चित्र बना लिए थे। कुछ चित्रों को तो उसके पिता ने फ्रेम भी करवा लिया था।

एक दिन श्यामसुंदरजी अलका से बोले, "दस मई को चित्रकला मंदिर में एक चित्रकला प्रतियोगिता का आयोजन किया जा रहा है। इसमें प्रथम दो प्रतियोगियों को एक वर्ष के लिए पचास रुपए प्रतिमाह की छात्रवृत्ति मिलेगी। मुझे पूरा विश्वास है कि तुम ही प्रथम स्थान प्राप्त करोगी।"

अलका उसी दिन से प्रतियोगिता की तैयारियों में जुट गई। प्रतियोगिता में दस दिन बाकी थे। दस मई को शाम पांच से सात बजे का समय निश्चित था प्रतियोगिता के लिए। अलका की एक सहेली विभा की दीदी ने चित्रकला में एम.ए. किया था। अलका ने सोचा कि प्रतियोगिता वाले दिन वह उनसे भी मार्गदर्शन ले लेगी। अतः दस मई के दिन वह सुबह नौ बजे विभा के घर चली गई।

करीब दस बजे अलका की मां भी खरीददारी करने बाजार चली गई। महरी की बेटी लक्ष्मी को वह घर बिठा गई थी। लक्ष्मी घर में अकेली थी। दरवाजा खटखटाने की आवाज आई तो लक्ष्मी ने जाकर दरवाजा खोला। एक लड़की वहां खड़ी थी। लक्ष्मी के हाथ में एक पत्र थमाकर वह बोली, "इसे अलका को दे देना।"

लक्ष्मी ने पत्र लाकर अलका की मेज पर रख दिया। तभी टेलीफोन की घंटी बजी तो लक्ष्मी ने फोन उठाया। उस ओर अलका थी। वह लक्ष्मी से फोन पर बोली, "लक्ष्मी, मां को कह देना मुझे घर लौटने में कुछ देर हो जाएगी। बारह बजे तक वापस आऊंगी।"

"कह दूंगी, दीदी। हां, थोड़ी देर पहले एक लड़की एक चिट्ठी दे गई है आपके लिए।"

"मेरे लिए...चिट्ठी?" अलका का उलझन भरा स्वर सुनाई दिया, "ऐसा करो तुम ही मुझे फोन पर वह चिट्ठी पढ़कर सुना दो। पर हां...तुम्हें तो पढ़ना आता नहीं...तुम ऐसा करो कि मां को फोन पर चिट्ठी पढ़ने को कहो।"

"बीबीजी तो बाजार गई हैं।"

"चलो फिर मैं घर आकर ही पढ़ लूंगी। घंटे भर में आ जाऊंगी।" अलका ने फोन रख दिया।

लगभग बारह बजे अलका घर लौटी और लक्ष्मी से वह चिट्ठी मांगी। लक्ष्मी ने चिट्ठी लाकर दे दी। पत्र पढ़ते-पढ़ते उसके चेहरे का रंग बदलने लगा।

यह देख लक्ष्मी घबरा गई और बोली, "क्या लिखा है दीदी चिट्ठी में?"

"मेरी सारी मेहनत पर पानी फिर गया, लक्ष्मी। चित्रकला प्रतियोगिता शाम के बजाय, अभी सुबह ग्यारह से एक बजे तक थी। यही संदेश भिजवाया था चित्रकला मंदिर के गुरुजी ने।"

अलका ने घड़ी देखी। साढ़े बारह बज रहे थे। उसने तुरंत साइकिल निकाली और चित्रकला मंदिर की ओर बढ़ गई। जब वहां पहुंची तो लड़कियां अपने-अपने चित्र जमा कर रही थीं।

अलका को देखकर श्यामसुंदरजी बोले, "तुम क्यों नहीं आईं अलका? तुम्हारे घर संदेश भी भिजवाया था। किन्हीं कारणों से प्रतियोगिता का समय शाम से बदलकर सुबह करना पड़ गया था।"

"मैं घर पर नहीं थी सर, इसीलिए समय पर पहुंच न सकी।"

"तुमने बहुत अच्छा मौका गंवा दिया है अलका", अध्यापक अफसोस भरे स्वर में बोले, "यहां जितनी भी लड़कियां चित्र बना रही थीं उनमें तुम्हारा हाथ सबसे अच्छा था। तुम भाग लेतीं तो अवश्य प्रथम आतीं।"

अलका का मन भी बड़ा उदास था। कितनी तैयारियां की थीं उसने इस प्रतियोगिता के लिए। काश, उसे समय पर गुरुजी का भेजा संदेश मिल जाता। अगर लक्ष्मी पढ़ी-लिखी होती तो फोन पर ही पत्र पढ़कर सुना देती। उस समय दस बज रहे थे, वह आराम से चित्रकला मंदिर पहुंच सकती थी।

पापा का कहा मानकर उसने लक्ष्मी को थोड़ा-बहुत पढ़ा दिया

होता तो आज उसे यह संदेश वक्त पर मिल जाता। सचमुच पढ़ाई का कितना महत्त्व है! लक्ष्मी के अनपढ़ रहने से जब उसे ही इतना नुकसान हुआ है तो स्वयं लक्ष्मी कितनी तकलीफें उठाएगी। कोई भी उसे धोखा दे सकता है, बुद्धू बना सकता है। पापा ठीक ही कहते थे। पढ़ाई सिर्फ नौकरी के लिए ही नहीं की जाती, जिंदगी को ठीक ढंग से चलाने के लिए भी पढ़ाई महत्त्वपूर्ण है।

अलका ने फैसला कर लिया कि वह आज से ही लक्ष्मी को पढ़ाना शुरू कर देगी। उसे इस योग्य बनाएगी कि वह लिख-पढ़ सके। अपने इस फैसले के बाद अलका का मन हलका हो गया। उसे लगा कि उसे एक सही दिशा मिल गई है।

भोली और सफेद मोर

ग्रामबाला भोली अपनी आयु का नवां वर्ष पार कर रही थी। उसके मां-बाप गड़रिये थे। यों उनके पास दो-चार गाय-भैंस भी थीं पर उनका मुख्य पेशा भेड़-बकरी पालना ही था। एक दिन प्रातःकाल उनके बाड़े में सफेद रंग का एक बड़ा-सा घायल पक्षी आकर गिर पड़ा। भोली ने उसे उठाया तो देखा कि उसकी टांगों से खून बह रहा है, जिससे भोली के कपड़े भी खून से भर गए। शायद किसी बाज़ ने उस पर झपट्टा मारा था। भोली उसे प्यार से सहलाने लगी और उसका खून पोंछने लगी। फिर उसने अपने बापू से कहा, "कितना सुंदर पक्षी है...सफेद मोर! शहर जाकर इसकी मरहम-पट्टी करा लाओ वरना यह मर जाएगा।

उसके बापू ने उसे झिड़कते हुए कहा, "लड़की, तेरा दिमाग खराब हो गया है क्या? कटाई चल रही है, जमींदार इंतजार कर रहा होगा। कटाई पर जाना है मुझे। दुनिया भर के परिंदों का ठेका ले रखा है क्या हमने? फिर दवा-दारू के लिए पैसे भी चाहिए। ढंग से अपनी भेड़-बकरियां पाल लें यही क्या कम है?"

भोली को सफेद मोर इतना अच्छा लगा था कि वह झिड़की खाकर भी बोली, "बापू, अष्टुंग के बाड़े में ही इसे ठीक करा लाओ। सुना है उसने बहुत से पशु-पक्षी पाल रखे हैं। वह उनकी मुफ्त सेवा करता है। वह पशु-पक्षियों की दवा-दारू जानता है।"

बापू ने उसे फिर झिड़क दिया, "अष्टुंग का बाड़ा? तुम पागल तो नहीं हो गईं लड़की? उसकी मनहूस शक्ल कौन देखना चाहेगा? इससे तो भूत देख लो तो अच्छा है। बच्चे तो अष्टुंग की शक्ल-सूरत देखते ही बेहोश हो जाते हैं। बच्चे क्या, बड़ों का भी यही हाल है। देखने में वह वनमानुष-सा लगता है। उसको देखकर केवल भय ही नहीं, बल्कि घिन भी लगती है। तुम इस पक्षी को फेंक दो और भेड़-बकरी चराने चली जाओ।"

अष्टुंग एक रईस घराने में पैदा हुआ था। जन्म से ही वह बड़ा कुरूप था। उसकी कमर में कूबड़ था और उसका मुंह वनमानुष जैसा था। चलते समय वह पैर लचका-लचकाकर चलता था। उसका एक हाथ कलाई के पास से पक्षी के पंजे की तरह मुड़ा हुआ था। जब वह बालक था तभी से लोग उसे संदेह की दृष्टि से देखते थे तथा नफरत करते थे। लोगों की उपेक्षा, प्रताड़ना, नफरत, व हिकारत ने उसे एकांतप्रेमी तथा पशु-पक्षी प्रेमी बना दिया था। शारीरिक विरूपता या कुरूपता प्रायः मनुष्यों को मानवद्वेषी बना देती है, पर वह किसी से द्वेष नहीं करता था। वह तो पशु-पक्षियों, मनुष्यों तथा समस्त प्रकृति को प्यार करता था। उसका हृदय करुणा, कोमलता व सद्भाव से भरा था। मानव उसे सेवा करने का अवसर नहीं देते थे, पर उसने पशु-पक्षियों और प्रकृति की सेवा में अपनी विरूपता को जीत लिया था। मगर वह मानव द्वारा दी गई उस दुत्कार को नहीं जीत पाया था, जो उसे अपनी कुरूपता या विरूपता के कारण झेलनी पड़ी थी। उसी ने उसे बचपन से एकांतवासी बना दिया था। उसे अपने हृदय में उमड़ते स्नेह, प्यार व सौजन्य का

कहीं भी प्रतिदान नहीं मिला था। औरतों को उससे घिन होती थी, बच्चे डरते थे और पुरुष उपेक्षा करते थे। केवल ये पशु-पक्षी ही थे, जो प्यार देते थे। जब उसने होश संभाला तो उसकी इच्छानुसार उसके रईस मां-बाप ने गांव से तीन किलोमीटर दूर उसके लिए सौ एकड़ का एक फार्महाउस बना दिया था और उसमें झील व पार्क बनवा दिए, छोटे-मोटे पशु-पक्षी छोड़ दिए गए। जब तक उसके मां-बाप जिंदा रहे, वे हर सप्ताह उसे देखने आते । अष्टुंग उनकी एकमात्र संतान था। पर उस फार्महाउस को खरीदने के थोड़े दिन बाद ही उसके मां-बाप मर गए। मरने से पहले उन्होंने उसके लिए एक ट्रैक्टर, एक जीप व एक नाव छोड़ दी थी। एक छोटी किश्ती उसके पास पहले से थी। उसके माता-पिता की बाकी सब जायदाद उसके रिश्तेदार हड़प गए यद्यपि अष्टुंग उस सारी जायदाद का एकमात्र उत्तराधिकारी था।

इस बात को गुजरे बीस बरस हो गए थे। तबसे वह अकेला ही इस फार्महाउस में था मगर वह अपने को कभी अकेला नहीं समझता था। वह पेड़-पौधों, पशु-पक्षियों को अपना साथी समझता था। वह प्रकृति-पुत्र था। वह उन सबको बहुत प्यार करता और पशु-पक्षी उसे प्यार करते थे। वह उस जीवन का आदी हो गया था। यदि कोई आदमी उसके पास आता भी था, तो वह था बैंक का चपरासी मुरलीधर। पर वह भी शायद उसके पास आता या उसको प्यार इसलिए करता था क्यों कि वह उसे पांच सौ रुपए महीना इनाम में देता था। मरने से पहले अष्टुंग के मां-बाप ने बैंक में अष्टुंग के नाम से छह लाख रुपए डाल दिए थे। हर महीने उस पैसे का ब्याज देने यह चपरासी आता था। पैसे लेकर अष्टुंग उसे पांच सौ रुपए इनाम में देता था।

उसके फार्महाउस के चारों तरफ ऊंची दीवार थी तथा तार लगे थे। हर मौसम में तरह-तरह के पक्षी उड़कर आते थे और वहां

झील व पेड़ों पर बसेरा करते थे। उसका फार्म एक तरह से पक्षी अभयारण्य बन गया था। हफ्ते में एक बार वह जीप से शहर चला जाता तथा पशु-पक्षियों के लिए दाना-चुग्गा, दवा-दारू व जीप के लिए डीजल ले आता था। ट्रेक्टर से वह थोड़ी-बहुत खेती भी कर लेता था। पेड़-पौधे लगाने का भी उसे शौक था। पर जब वह शहर जाता तो बच्चे उससे दूर भाग जाते तथा बड़े आदमी व औरतें भी उसे अचंभे व नफरत की दृष्टि से देखते। दुकानदार उससे बात अवश्य करते, शायद इसलिए कि वह एक अच्छा ग्राहक था और कभी उधार नहीं लेता था। उसके फार्महाउस से एक किलोमीटर दूर एक बड़ी नदी थी। जब उस नदी में पानी आता तो वह रात को उसमें अपनी नाव चलाता। फिर नाव को नदी के पास एक पेड़ से बांध आता। जितना वह अजीबोगरीब था उतने ही अजीबोगरीब उसके कार्यकलाप थे।

भोली जब भेड़-बकरी चराने ले गई तो उस सफेद मोर को दिन भर अपने सीने से चिपकाए रही। वह भी निरीहता व बेबसी से उससे चिपटा रहा। भोली ने उसकी टांगों का खून साफ करके उस पर एक कपड़ा बांध दिया था। भोली ने उसे कुछ दाना-दुनका भी चुगा दिया था। अपनी रोटी तोड़कर उसके आगे डाल दी थी।

रात को भोली ने उसे अपने पास ही सुलाया था। पर सुबह होने पर पक्षी का दर्द बढ़ गया था। वह पक्षी अपनी आवाज में सुबह से ही कराह रहा था। भोली को उस सुंदर पक्षी से इतना प्यार हो गया था कि वह उसे हर कीमत पर बचाना चाहती थी। आवश्यकता आविष्कार की जननी होती है। जब पक्षी मरणासन्न अवस्था में आने लगा तो वह साहस बटोरकर भेड़-बकरियों को चरती छोड़कर अष्टुंग के फार्महाउस की ओर भागी। उसका पक्षी-प्रेम अब भय की सारी सीमाएं लांघ गया था। डरती-डरती जब वह अष्टुंग के पास पहुंची तो अष्टुंग उसकी तरफ पीठ किए एक अन्य घायल पक्षी को

खपच्ची बांध रहा था। भोली ने जाकर कहा, "बाबा, इस सुंदर पक्षी का जल्दी इलाज करो, नहीं तो यह पक्षी मर जाएगा।"

पीछे से एक बच्ची की आवाज सुनकर अष्टुंग चौंका और जब उसने भोली की तरफ मुंह फेरा तो भोली डर से चीख उठी। अष्टुंग ने कहा, "बेटी, इस सुंदर पक्षी को क्या हुआ है बताओ...मुझसे डरो मत!"

अष्टुंग के प्यार व बेटी व बच्ची जैसे स्नेह भरे शब्दों ने भोली में साहस का संचार किया। वह कांपते स्वर में बोली, "यह सुंदर पक्षी घायल होकर हमारे बाड़े में आ पड़ा था—सफेद मोर है न यह?"

"नहीं बेटी, सफेद मोर हमारे देश में नहीं होते और दूसरे देश से मोर इतनी दूर उड़कर आ नहीं सकता। यह हंस की एक किस्म का विदेशी पक्षी है।" अष्टुंग ने उसे समझाया।

भोली ने पूछा, "क्या आप इसे ठीक कर दोगे जी?"

"बेटी, ठीक तो परमात्मा ही करता है। इसकी हालत खराब है। इसे तुरंत ले आती तो जल्दी ठीक हो जाता। फिर भी मैं कोशिश करता हूं। मैं पक्षी की आखिरी सांस तक उम्मीद रखता हूं। तुम्हें मेरी मदद करनी होगी, आओ!"

वह उसके पीछे-पीछे चली। पक्षी को अष्टुंग ने गोद में उठा रखा था। अंदर एक आलमारी में कैंची, रुई, पट्टी, मरहम और कुछ खपच्चियां रखी थीं।

अष्टुंग ने कहा, "इस बेचारे पक्षी को किसी ने गोली से मारने की कोशिश की है। इसका पैर और डैने का सिरा टूट गया है। हमें इसके बड़े पर काटने होंगे ताकि पट्टी बांधी जा सके। चिंता की कोई बात नहीं, वसंत ऋतु में इसके पर फिर निकल आएंगे। हम डैने को शरीर के साथ सटाकर पट्टी बांध देंगे, ताकि वे जुड़ जाएं। फिर हम उसकी टांग के लिए खपच्ची तैयार करेंगे।"

बच्ची भय को भूलकर मुग्ध-सी अष्टुंग को अपने पंजेनुमा हाथ से

काम करते व खपच्ची बांधते देख रही थी। वह उसे बच्चों की एक रोचक कहानी सुनाता रहा। पक्षी ने जब थोड़ी राहत की सांस ली तो वह बोली, "आपका नाम क्या है जी?"

"ईश्वरचंद्र।"

"लोग आपको अष्टुंग क्यों कहते हैं जी?" बच्ची ने उत्सुकता से पूछा।

वह हँसा और बोला, "मैं अष्टावक्र हूं। शायद लोगों ने इसीलिए देहाती भाषा में अष्टुंग नाम निकाल लिया है। दुनिया इतनी तेज है कि वह किसी को नहीं छोड़ती। वह काने को काना और लंगड़े को लंगड़ा कहकर चिढ़ाती है पर तुम भी मुझे अष्टुंग के नाम से पुकार सकती हो। तुम्हारा नाम क्या है, बच्ची?"

"भोली। मेरा नाम भोली है, अष्टुंग बाबा!"

"बेटी, तुम सचमुच भोली हो। वरना मेरे पास आज तक यहां कोई बच्चा नहीं आया। हां बेटी, तुम्हें इस पक्षी को यहीं पर मेरे चिकित्सालय में छोड़कर जाना होगा। इसको वक्त-बेवक्त दवा की जरूरत पड़ेगी। इसकी हालत बड़ी नाजुक है। हां, खेलने के लिए तुम मेरा पालतू तोता व कबूतर ले जाओ।"

जब वह चलने लगी तो अष्टुंग ने उसे अपना बचपन का एक बड़ा कीमती और सुंदर खिलौना भेंट में दिया।

पक्षी जानते थे कि यहां भोजन व शरणस्थल है। अष्टुंग के फार्म में हर मौसम में दूर-दूर से उड़कर पक्षी आते थे, विशेषकर अक्टूबर से लेकर वसंत के आरंभ तक। सारी सर्दी उसके पास आकर रहने वाले पक्षी बड़े सुंदर होते थे। फिर वे पक्षी उड़कर उत्तर की ओर चले जाते थे। आजकल यही मौसम था।

तीसरे दिन भोली आई तो अपने सफेद मोर (वह अब भी उसे सफेद मोर ही कहती थी) को ठीक होते देखकर बड़ी खुश हुई। उसने उदास स्वर में बताया कि उसका कबूतर उड़ गया है।

अष्टुंग ने मुस्कराकर कहा, "हां, वह मेरे पास आ गया है।"

यह सुनकर भोली को खुशी हुई।

अष्टुंग ने दुख से कहा, "बेटी, मैं तुम्हें दूध या चाय नहीं पिलाऊंगा। शायद तुम्हें मेरे हाथ की चीजें खाने से घिन आए। तुम उस पेड़ पर चढ़कर अमरूद तोड़ लो। उस खेत से गाजर-मूली उखाड़ लो और खूब खाओ। मैं एक हुक से तुम्हारे लिए केले तोड़ देता हूं।"

अष्टुंग का स्नेह पाकर उसका भय दूर हो गया था। उसने अमरूद तोड़े। गाजर-मूली उखाड़ी।

भोली का सफेद मोर कृतज्ञता से उसकी ओर देख रहा था। वह घिसटता-घिसटता उसके पास आ गया। भोली ने दो अमरूद उसके सामने डाल दिए।

अब भोली दूसरे-तीसरे दिन अपने सफेद मोर के उगते पंख देखने जाती और उसके साथ खेलती थी। कभी उसकी भेड़-बकरी बीमार पड़ जाती या आहत हो जाती तो वह उसे अष्टुंग बाबा के पास दवा दिलाने ले जाती। धीरे-धीरे भोली भी पशु-पक्षियों को दवा देना व खपच्ची बांधना सीख गई थी। अष्टुंग बाबा भी उसे प्यार से सिखाता था।

एक दिन जब पूरे पंख उग गए तो भोली का सफेद मोर उड़ गया। जब भोली आई तो अष्टुंग ने दुख के साथ उससे कहा, "बेटी, मैं न केवल शर्मिंदा हूं, बल्कि तुम्हारा गुनहगार हूं कि तुम्हारा सफेद मोर उड़ गया। लेकिन मेरा यकीन है कि वह एक दिन यहां फिर आएगा। शायद अपने मां-बाप व परिवार से मिलने गया हो।"

भोली निराश हुई, पर वह वहां के और पशु-पक्षियों को भी प्यार करने लगी थी। लगभग पद्रंह दिन के बाद सफेद मोर अकेला नहीं आया, बल्कि अपने सारे परिवार सहित वहां लौट आया था।

उसे पाकर भोली बड़ी खुश हुई। वह भी भोली को, भोली के उपकार को भूला नहीं था और भोली के पास आ गया था। भोली

ने उससे चले जाने के लिए शिकवे-शिकायत करके, उसके ऊपर स्नेह व प्यार का हाथ फेरा। भोली कह रही थी, "मेरे प्यारे मोर, अब कहीं मत जाना!"

अष्टुंग ने उसे समझाकर कहा, "मैंने कितनी बार बताया है, यह राजहंस है, सफेद मोर नहीं!"

भोली हँस दी...एक उन्मुक्त हँसी!

अष्टुंग बाबा ने कहा, "मुझे यकीन था ना कि यह पक्षी अवश्य लौटेगा! मेरी बच्ची, तुम नहीं जानतीं कि पक्षी आदमी की तरह कृतघ्न नहीं होते। तुम उन्हें प्यार करो तो वे भी तुम्हें करते हैं।"

इसी तरह से अष्टुंग बाबा और भोली की दोस्ती के तीन-चार वर्ष बीत गए। भोली ने अब किशोरावस्था में कदम रखा। अष्टुंग की तरह भोली को पशु-पक्षियों व प्रकृति से प्यार हो गया था। उस फार्महाउस के कई पशु-पक्षी तो न केवल उसे पहचानने ही लगे थे, अपितु उसकी आज्ञा भी मानने लगे थे। भोली अब उनको खपच्ची बांधने और दवा-दारू देने में कुशल हो गई थी। उसे उनकी सेवा करने में आनंद आने लगा था। एक दिन अष्टुंग ने उससे हँसकर कहा, "तुम तो पशु-पक्षियों की डॉक्टर बन गई हो, बेटी!"

भोली समझने लगी थी कि अष्टुंग बाबा से दुनिया कितनी भी घिन करे, पर अष्टुंग बाबा का हृदय हमेशा पशु-पक्षियों व मानवों के लिए प्यार, स्नेह व सौहार्द से भरा रहता है। अष्टुंग बाबा तन के कुरूप, पर मन के कितने उजले हैं। उनका मन निर्मल है और हृदय विशाल है। उनकी आत्मा देवत्व से परिपूर्ण है।

एक दिन अचानक पास की नदी में भयंकर बाढ़ आ गई। नदी के दूसरी ओर के गांव बाढ़ में डूबने लगे। भोली गांव की ओर से फार्म हाउस की ओर आ रही थी। वह अभी कुछ दूरी पर थी कि अष्टुंग ने उसे आवाज लगाकर कहा, "बेटी, जल्दी आओ...दौड़कर आओ!"

भोली दौड़कर आ गई।

अष्टुंग ने कहा, "मैं काफी देर से तुम्हारा इंतजार कर रहा था। मैं जा रहा हूं। बहुत तेज बाढ़ आ गई है। गांव के लोग डूब जाएंगे। बेचारे तबाह हो रहे हैं। मैं नाव लेकर जाता हूं। मैं उन्हें बचाकर लाऊंगा और हां सुनो, यदि मुझे कुछ देर हो जाए तो फार्महाउस संभाल लेना। ये पशु-पक्षी, यह सब कुछ मेरे लौटने तक तुम्हारे संरक्षण में है।"

भोली की आंखें उसकी महानता, उसकी आत्मा की विशालता को अपलक देख रही थीं। भोली की आंखों की कोरें गीली हो गईं थीं। वह उसे कितना बदला हुआ नजर आ रहा था। जैसे वह बदसूरत नहीं, कुरूप या विकलांग नहीं, अपितु अति सुंदर, विशाल, महान व बहादुर हो।

अष्टुंग बोला, "बेटी, क्या देख रही हो? मेरे पास समय बहुत कम है। लोग डूब जाएंगे। तुम वादा करो कि मेरे लौटने तक सब पशु-पक्षियों की देखभाल करती रहोगी।"

विदा का हाथ उठाकर भोली ने कहा, "भगवान तुम्हारी रक्षा करे। मैं वादा करती हूं कि तुम्हारे आने तक मैं पशु-पक्षियों की देखभाल करती रहूंगी।"

गांव डूब रहा था। लोगों में हाहाकार मचा था। बड़े आदमी पानी में डूबने से बचने के लिए पेड़ों पर चढ़ रहे थे। अष्टुंग ने तीस-चालीस बच्चों व स्त्रियों को अपनी नाव में ठसाठस भरा और नदी के पास ऊंचाई वाले स्थान पर अपने फार्महाउस की ओर उन्हें सुरक्षित उतारकर वापस चला गया। फिर वह पच्चीस-तीस आदमी भर लाया। नाव में उतनी-सी ही जगह थी, फिर भी वह ठूंस-ठूंसकर भर रहा था। इस तरह से वह छह बार लोगों को नाव में भर-भरकर सुरक्षित स्थान पर ले आया। बाढ़ अब अपनी पूरी पराकाष्ठा पर थी। नदी और धरती मिलकर एक हो रहे थे। वह भी अब थकने लगा था। पर तीस-चालीस आदमी अभी बाढ़ वाले

गांव में बाकी बचे हुए थे। वह थकान अवश्य महसूस कर रहा था, पर वह हिम्मत हारने वाला व्यक्ति नहीं था। मानव-सेवा की भावना उसके दिल में अब भी हिलोरें मार रही थीं। वह बाकी बचे आदमियों को भी लेने चल दिया, लेकिन उसका शरीर टूट चुका था। पानी के एक बड़े रेले में उसकी नाव उलट गई। साथ ही अष्टुंग भी नदी में गिर पड़ा। उसमें हाथ-पैर मारने की ताकत भी नहीं थी।

उसकी आवाज आकाश में गूंजने लगी थी, "भोली, मेरी बच्ची! मैं लौटूं तब तक पशु-पक्षियों की रक्षा करना!"

पशु-पक्षियों को शायद अपने संरक्षक की मृत्यु का पूर्वाभास हो जाता है। उसके बाड़े के सारे पशु-पक्षी उद्वेलित होने लगे थे। भोली का सफेद मोर अचानक उड़कर नदी पर मंडराने लगा था। उसने डूबते अष्टुंग के कपड़े पकड़कर उसे किनारे लाने की कोशिश की, पर वह कामयाब नहीं हो पा रहा था और उसके साथ ही डूब गया। थोड़ी ही देर में अष्टुंग और सफेद मोर की लाशें नदी के किनारे पड़ी थीं। अष्टुंग बाबा की कमीज अभी भी उसकी चोंच में दबी थी और अष्टुंग का हाथ उसके पंखों पर था।

भोली बुत बनी वहीं खड़ी देखती रही। पक्षी उसके चारों ओर मंडराने लगे। पशु भी उसके पास आ गए, मानों शोक मना रहे हों। उसने सोचा कि चारा-चुग्गा मांग रहे हैं पर किसी ने भी चारा-चुग्गा नहीं खाया। भोली को विश्वास ही नहीं हो रहा था कि इतनी महान आत्मा भी डूब सकती है। काली रात ढल आई थी। अब भोली को विश्वास होने लगा था कि अष्टुंग बाबा और सफेद मोर डूब गए हैं।

गांव के लोग भोली को ढूंढ़ते-ढूंढ़ते बाड़े में आ गए थे। उन्होंने कहा, "भोली, अष्टुंग और सफेद मोर किनारे पर मरे पड़े हैं। सुबह उनका क्रिया-कर्म करेंगे। चलो, हमारे साथ घर चलो।"

अब वह फूट-फूटकर रो पड़ी...उस विशाल–हृदय मानव व पशु-पक्षी प्रेमी से बिछुड़ने के कारण। अष्टुंग के अंतिम शब्द बार-बार भोली के कानों में गूंज रहे थे–"भोली, मेरी बेटी! मैं लौटूं तब तक पशु-पक्षियों की रक्षा करना!"

वह अपने बापू से बोली, "मैं अब यहीं रहूंगी...चिरकाल तक... अब जिम्मेदारी मुझ पर ही तो आन पड़ी है। और कौन संभालेगा इन पशु-पक्षियों को?"

अष्टुंग की आवाज फिर उसके कानों में गूंजने लगी थी–"भोली, मेरी बेटी! मैं लौटूं तब तक पशु-पक्षियों की रक्षा करना!"

सीख गई बेटी

कुमराली गांव में जय सिंह नामक एक जमींदार रहता था। पांच बेटों के अतिरिक्त उसकी एक बेटी भी थी जिसे इकलौती होने के कारण सबका बहुत लाड़-प्यार मिला। अधिक दुलार ने उसे बिगड़ैल बना दिया था। बात-बात में रूठ जाना तथा गुस्सा करना उसकी आदत बन गई थी। वह आलसी भी हो गई थी।

जमींदार के कारण घर में कोई उसे कुछ कहने की हिम्मत नहीं करता था। एक दिन जमींदार की पत्नी ने अपने पति से कहा, "बेटी तो पराया धन होती है, तुम इसे इतना सिर न चढ़ाओ। विवाह के बाद दूसरे के घर में भी ऐसे ही करेगी तो कैसे निभेगी?"

जमींदार पर तो बेटी के मोह का भूत सवार था। उसने पत्नी को भी डांट दिया, "मेरी बेटी जो जी में आए करे, तुम इसे रोको मत। मैं इसका विवाह जिससे करूंगा उसके घर दास-दासियां भिजवा दूंगा। इसे तो काम करना ही नहीं पड़ेगा।"

लड़की का मनोबल और बढ़ गया। अब वह किसी की परवाह नहीं करती थी।

कुमराली के पास एक गांव में एक गरीब किसान रहता था। उसके बेटे का नाम था वीरभान। वीरभान के जन्म के समय ही उसकी माता की मृत्यु हो गई थी। वीरभान को किसान ने ही पाल-पोस कर बड़ा किया था।

एक बार महामारी में किसान का एक बैल मर गया। दूसरा बैल खरीदने के लिए उसे जय सिंह से पैसे उधार लेने पड़े। उस साल वर्षा न होने से फसल भी न हुई। लगातार ब्याज से किसान का ऋणभार बढ़ता गया। पिता-पुत्र दोनों इसी चिंता में डूबे रहते।

समय के साथ-साथ जमींदार की बेटी ज्योति बड़ी हो गई। जमींदार को उसके विवाह की चिंता हुई। कोई भी युवक उससे विवाह करने को राजी न हुआ। सभी को उसके कटु स्वभाव का ज्ञान था।

जमींदार ने सोचा इसका विवाह वीरभान से कर देना चाहिए। वह सुंदर और सुशील है। किसान पर मेरा ऋण भी है। वह मना नहीं कर सकेगा। वहां मेरे धन के प्रभाव से ज्योति खुश रहेगी। यह सोच जय सिंह बेटी के विवाह का प्रस्ताव लेकर किसान के घर पहुंचा। न चाहते हुए भी वीरभान को जमींदार का रिश्ता मंजूर करना पड़ा। शुभ मुहूर्त में जमींदार ने ज्योति का विवाह बड़ी धूमधाम से कर दिया। कई नौकर भी उसके साथ भेज दिए।

ससुराल में जाकर भी ज्योति के व्यवहार में परिवर्तन नहीं आया। वह अपने पति के अतिरिक्त अपने ससुर को भी फटकार देती। गरीब किसान जमींदार के भय से कुछ नहीं बोलता था। वीरभान स्वाभिमानी और गंभीर युवक था। कुछ दिन तो वह चुपचाप देखता रहा। पर ज्योति की शिकायत करे भी तो किससे?

काफी सोच-विचार के बाद एक दिन उसने अपने पिता के कान में कुछ कहा। सुनकर किसान ने स्वीकृति में गरदन हिला दी।

अगले दिन वीरभान ने चुपके से सभी दास-दासियों को जमींदार

के घर वापस भेज दिया। उसने सोचा, 'ज्योति को घर की जिम्मेदारी स्वयं निभानी चाहिए।'

प्रातः जब ज्योति सोकर उठी तो उसे भूख लगी। उसने देखा घर में नौकर नहीं हैं। किसान के पुत्र ने बता दिया कि वह अपने हाथ से काम करने में विश्वास करता है, इसलिए उसने नौकरों को वापस भेज दिया है।

ज्योति रुआंसी होकर कहने लगी, "कड़ाके की ठंड में मुझसे खाना नहीं बन सकेगा।"

"कोई बात नहीं, खाना मैं बना लूंगा। यदि तुम रसोई में मेरी मदद करो तो तुम्हारे लिए भी बना दूंगा।" वीरभान बोला।

ज्योति के लिए इसके अतिरिक्त कोई चारा नहीं था। न चाहते हुए भी उसे वीरभान के साथ रसोई में काम करना पड़ा।

खाना खाकर वीरभान बोला, "अब मैं खेत जा रहा हूं। तुम घर में चौकस रहना।"

"चौकस क्यों?" ज्योति ने पूछा।

वीरभान ने बताया, "दिन में यहां से दो प्रेत गुजरते हैं और जो भी उनकी तरफ देखता है उसे नोच डालते हैं।"

ज्योति डर गई। "नहीं, नहीं! तब मैं यहां नहीं रहूंगी!" एकाएक उसके मुंह से निकल गया।

वीरभान ने पूछा, "तो तुम मेरे साथ खेत चलोगी?"

ज्योति बोली, "मैं इस ठंड में घर से बाहर नहीं निकल सकती। पर एक बात बताओ, ये प्रेत तुम्हारे सामने क्यों नहीं आते?"

वीरभान ने कहा, "मेरे सामने भी आते हैं। पर जो उनकी तरफ देखता है, प्रेत उसी को चोट पहुंचाते हैं। यदि हम अपने काम में लगे रहें तो प्रेत बगल से गुजर जाएंगे और पता भी नहीं चलेगा। अच्छा, अब मैं जा रहा हूं।" इतना कहकर वीरभान खेतों की ओर चल दिया।

घर में बैठी ज्योति को डर लगने लगा। उसने सोचा, 'मुझे कुछ काम करते रहना चाहिए, ताकि प्रेत मुझसे नजर न मिला सकें।' इच्छा के विपरीत उसे घर में काम करना पड़ा। उसने पूरा घर साफ किया। बरतन धोए। प्रेत तब भी नहीं आए। वह डर से खाली नहीं बैठ रही थी। उसने सोचा, 'वीरभान के आने तक खाना ही बना दूं।" वह खाना बनाने लगी। वीरभान आया तो देखा कि ज्योति ने घर की सफाई कर दी थी, खाना भी बनाया था। वह मन-ही-मन बहुत प्रसन्न हुआ।

ज्योति ने बताया, "आज प्रेत नहीं आए। मैं सुबह से शाम तक काम में जुटी रही।"

"शायद वे बगल से निकल गए होंगे।" वीरभान ने उत्तर दिया।

इसके बाद तो यह रोज की दिनचर्या बन गई। किसान और वीरभान खेतों में काम करते। प्रेतों के डर से ज्योति दिन भर घर के काम में लगी रहती। उसका स्वभाव भी बदल गया।

दो महीने गुजर गए। एक दिन जमींदार ने सोचा कि मुझे लड़की की खबर लेनी चाहिए। वह अपनी पत्नी के साथ किसान के घर पहुंचा। वहां जाकर देखा तो हैरान रह गया। ज्योति भाग-भागकर घर का काम कर रही थी। उसके शरीर में अब किसी तरह का आलस्य नहीं बचा था।

माता-पिता को देखते ही ज्योति उनके गले से लिपट गई। फिर बोली, "पिताजी, आप हमारे यहां कुछ काम करिए।" उसने अपनी मां से भी यही कहा। उसे भय था कि कहीं प्रेत न आ जाएं और उसके माता-पिता को हानि न पहुंचा दें।

जमींदार को बेटी की बात माननी पड़ी। वह आंगन में पड़े सूखे भूसे को अंदर डालने लगा।

शाम को वीरभान तथा उसका पिता खेत से लौटे तो अपने घर का सारा दृश्य देख हैरान रह गए। जमींदार उनके घर भूसा ढो रहा

था। ज्योति और उसकी मां घर के काम में जुटी थीं।

किसान ने जमींदार से क्षमा मांगी। जमींदार बोला, "मुझे तो कुछ समझ में नहीं आ रहा है। घर में घुसते ही ज्योति ने मुझे काम में लग जाने को कहा।"

वीरभान कुछ बोलता इससे पहले ही ज्योति बोल पड़ी, "यदि आप काम नहीं करते तो प्रेत आपको हानि पहुंचा सकते थे।"

"प्रेत?" जमींदार की पत्नी ने विस्मय से पूछा।

"हां-हां, यहां से दो प्रेत गुजरते हैं!" ज्योति बोली।

जमींदार ने वीरभान से कहा, "मुझे यह अच्छा नहीं लगा कि मेरी बेटी स्वयं इतना काम करे। मैंने जो नौकर भेजे थे वे तुमने लौटा क्यों दिए?"

वीरभान ने उत्तर दिया, "विवाह के बाद लड़की पर उसके पति का अधिकार होता है, पिता का नहीं। जब हम स्वयं इतनी मेहनत करते हैं तो इसका भी कर्तव्य बनता है कि यह हमारा साथ दे। हमें मेहनत करके अपना ऋण भी उतारना है।"

जमींदार बोला, "लेकिन वह ऋण तो मैंने ज्योति के विवाह के समय ही माफ कर दिया था।"

वीरभान ने कहा, "मैं आपके पैसे अवश्य लौटाऊंगा। जब तक हाथ पैरों में शक्ति है, हमें दूसरों पर आश्रित नहीं रहना चाहिए।"

जमींदार की पत्नी ने पूछा, "बेटा, वे प्रेत कौन से हैं, जिनके बीच मेरी बेटी को रहना पड़ता है?"

वीरभान गंभीर होकर बोला, "माताजी, पहला प्रेत है आलस्य! यदि ज्योति चारपाई पर आलसी बनकर पड़ी रहती तो आलस्य का भूत इसे नोच डालता। दूसरा प्रेत है यह आपका ऋण! जब तक मनुष्य उधार न चुका दे, उसे चैन नहीं आता। हम जब भी चारपाई पर बैठते हैं, आपके उधार के बोझ से दबने लगते हैं!"

वीरभान की ज्ञान भरी बातें सुन जमींदार बहुत प्रसन्न हुआ।

उसकी पत्नी बोली, "बेटा, तुमने मेरी बेटी का उद्धार कर दिया। अब मुझे इसकी कोई चिंता नहीं!"

ज्योति भी असली प्रेतों को पहचान गई थी। उसने वीरभान से कहा, "अब हम कभी दूसरों पर आश्रित नहीं रहेंगे।"

इसके बाद तीनों ने कड़ी मेहनत करके शीघ्र ही जमींदार का ऋण चुका दिया।

गाय का साहस

मुझे पापा बहुत अच्छे लगते हैं। अच्छी तो मम्मी भी लगती हैं, लेकिन कभी-कभी बड़ा गुस्सा आता है मम्मी पर। बिना किसी कारण के किसी से बुरी तरह चिढ़ जाती हैं और कभी कोई बात पूछो तो बस डांट देती हैं। कहती हैं, ये सब फालतू बातें अपने पापा से ही पूछा करो।

रोहित भैया का तो कहना ही क्या! केवल दो ही साल तो बड़े हैं मुझसे, लेकिन न जाने क्या समझते हैं अपने को? पिछले साल सातवीं की परीक्षा में फेल होते-होते बच गए और इस साल आठवीं की परीक्षा में कहते हैं, हम तो मेरिट में आएंगे। दिन भर दोस्तों के साथ खेलते रहते हैं और सपना देखते हैं मेरिट में आने का। मुझे तो लगता है कि इस साल कहीं लुढ़क ही न जाएं। कितना रोब गांठते हैं मुझ पर। और कंजूस तो इतने हैं कि कुछ पूछो मत। रक्षा-बंधन पर राखी बांधने के बस पांच रुपए देते हैं।

मेरा राजा भैया तो है रवि। कितना प्यार करता है मुझे। हमेशा "दीदी-दीदी" करता मेरे ही साथ रहता है। रक्षा बंधन पर जिद

करके पापा से बीस रुपए मांगकर मुझे देता है। पढ़ने में कितना तेज है। मुझसे पढ़ता है न। मैं हमेशा कक्षा में प्रथम आती हूं और रवि भी इस साल पहली कक्षा में प्रथम आएगा। लेकिन मम्मी हैं कि हमेशा रोहित भैया की बात ही मानती हैं। जब भी किसी बात पर बहस होती है तो पापा और रवि मेरी तरफ हो जाते हैं और मम्मी हमेशा रोहित भैया का ही साथ देती हैं।

हमारी परीक्षा खत्म हो गई है और पिछले साल की तरह इस बार भी कहीं बाहर घूमने जाने का प्रोग्राम बन रहा है। रोहित भैया का दोस्त अविनाश पिछले साल नैनीताल घूमने गया था। इसलिए उनका कहना है कि इस बार हम लोग नैनीताल घूमने जाएं। नैनीताल का तो मैंने भी बहुत नाम सुना है और अंदर से मेरी भी यही इच्छा है कि हम नैनीताल ही जाएं।

लेकिन हर बात रोहित भैया की ही क्यों मानी जाती है? क्या नैनीताल छोड़कर और कोई जगह नहीं है घूमने की? रोहित भैया की बात का विरोध करने के लिए मैंने सोचा कि इस बार नैनीताल नहीं जाएंगे। पिछली गरमियों में भी रोहित भैया की बात मानकर हम लोग मसूरी गए थे और फिर वहां पर वह बात-बात पर कहा करते थे, "देखा रिंकी, कितना मजा आ रहा है। आखिर मेरे कहने पर ही तो यह प्रोग्राम बना है।" इस बार नैनीताल जाने पर भी वे यही कह-कहकर तंग कर देंगे। इसलिए मैंने निश्चय कर लिया कि इस बार हम लोग नैनीताल नहीं जाएंगे।

लेकिन फिर जाएंगे कहां? यही सोच-सोचकर मैं परेशान थी कि एकाएक एक दिन सवेरे-सवेरे चाचाजी आ गए। चाचाजी मुझे बहुत प्यार करते हैं।

आते ही मुझे बड़े प्यार से पुकारते हैं, "कहां है हमारी रानी बिटिया, रिंकी?"

मैं उनकी आवाज सुनते ही दौड़कर उनके पास जाती हूं तो मुझे

गोद में उठाकर पहले तो मुझे बहुत प्यार करते हैं और फिर कुरते की जेब से तरह-तरह की ढेर सारी टॉफियां-गोलियां निकालकर मेरी दोनों हथेलियों में भरकर कहते हैं, "जाओ, रोहित और रवि को भी दे दो।"

रोहित भैया तो बस जल ही जाते हैं। बड़ी-बड़ी आंखें निकालकर मुझे घूरते हैं। लेकिन बेचारे कह नहीं सकते कुछ, क्योंकि टॉफियां तो मेरे पास हैं। बड़ा मजा आता है मुझे।

खाना हम लोग साथ ही खाते हैं। मम्मी के हाथ की बनी छोटी-छोटी, फूली-फूली, गरम-गरम रोटी तो लगता है बस खाते ही जाओ। खाते-खाते ही चाचाजी ने पापा से कहा, "बच्चों की छुट्टियां चल रही हैं, भैया। इस बार इन्हें मेरे साथ गांव भेज दीजिए।"

पापा बारी-बारी से हम सबकी ओर देखकर मुस्कराए। मैं तो यह सुनकर फूली नहीं समाई।

"हमारा गांव गरमी में कितना ठंडा रहता है भैया, यह तो आप जानते हैं!" चाचाजी कुछ देर रुककर फिर कहने लगे, "गांव में इस साल आम भी खूब लगे हैं। ककड़ी, तरबूज, खरबूजे और खीरे का तो कहना ही क्या। बच्चों का खूब मन लग जाएगा!"

आम का नाम सुनकर तो मेरे मुंह में पानी ही आ गया।

रोहित भैया बुरा-सा मुंह बनाते हुए बोले, "चाचाजी, हम लोग तो इस बार नैनीताल जा रहे हैं।"

चाचाजी ने हँसते हुए मेरी ओर देखा और कहने लगे, "तुम सब लोग नैनीताल जाओ, लेकिन हमारी रानी बिटिया रिंकी तो हमारे साथ गांव जाएगी।"

"हम भी दीदी के साथ गांव जाएंगे," रवि झट से बोल पड़ा।

"तू तो बस दीदी की पूंछ है," रोहित भैया ने हमेशा की तरह उसे चिढ़ाते हुए कहा।

रवि रुआंसा होता हुआ भोलेपन से बोला, "पापा, रोहित भैया हमें दीदी की पूंछ कहते हैं।"

रवि के इस प्रकार कहने पर हम सब खिलखिलाकर हँसने लगे।

अंत में बहुत जोरदार बहस के बाद यह तय हुआ कि मैं और रवि, चाचाजी के साथ गांव जाएंगे और रोहित भैया, पापा और मम्मी के साथ नैनीताल जाएंगे। मम्मी इस बात के लिए बिल्कुल राजी नहीं हो रही थीं। लेकिन पापा ने इतनी अच्छी तरह से मम्मी को समझाया कि वे मान गईं।

रोहित भैया ने आखिर तक मुझे फुसलाने की बहुत कोशिश की, "देख रिंकी, तू बहुत पछताएगी गांव जाकर। गांव में रखा ही क्या है? नैनीताल में तो मजा ही आ जाएगा!" वे बार-बार कहते रहे, लेकिन मैं टस से मस नहीं हुई।

दूसरे ही दिन सबेरे मैं और रवि, चाचाजी के साथ उनकी कार से गांव चल पड़े। शाम होते-होते हम लोग गांव पहुंच गए । चाचीजी हम लोगों को देखकर बहुत खुश हुईं। सोनू और मोनू ने हमारा जोरदार स्वागत किया। मोनू मुझसे एक साल बड़ा है, लेकिन मेरी सभी बात मानता है और बेचारी सोनू मेरे बराबर होती हुई भी कितनी सीधी है। 'बड़ा मजा आएगा' मैंने सोचा, 'यहां तो बस मेरी ही चलेगी।'

सचमुच गांव में मजा ही आ गया। रोज सबेरे चाचीजी के हाथ की बनी लस्सी पीकर तो मन खुश हो जाता। हम लोग खूब खेलते और घूमते।

ककड़ी और खीरे अपने हाथ से तोड़-तोड़कर जी भरकर खाते। छोटे-छोटे, खट्टे-खट्टे, कच्चे आम खाकर तो लगता कि मैंने नैनीताल न जाकर बहुत ही अच्छा किया।

"रवि, कितना मजा आ रहा है!" मैं बात-बात पर कहती, "मेरे कहने पर ही यह प्रोग्राम बना है।" मैं अपना रोब दिखाते हुए, यह

कहते समय बिल्कुल भूल जाती थी कि रोहित भैया के बार-बार इस प्रकार कहने पर मैं चिढ़ जाया करती थी।

"हां दीदी, तुम कितनी अच्छी हो!" रवि मेरी हर बात पर खुश होते हुए कहता।

सबसे अधिक मजा तो आता था चाचाजी के साथ ट्रैक्टर पर बैठने में। एक महीना कितनी जल्दी बीत गया, पता ही नहीं लगा। पिछले साल जब मसूरी गए थे तो कुछ दिन तक तो घूमने में बड़ा अच्छा लगा था, लेकिन फिर होटल का खाना खाते-खाते और होटल के बनावटी वातावरण से इतनी ऊब हो गई थी कि लगता था कि जल्दी से घर पहुंच जाएं। यहां तो सबेरे से शाम तक सभी कुछ इतना अच्छा लगता है कि ऊबने का कोई सवाल ही पैदा नहीं होता। हां, कभी-कभी मम्मी और पापा की बहुत याद आती है। अब तो पता नहीं क्यों रोहित भैया की भी बहुत याद आती है। कितने अच्छे हैं रोहित भैया! बस थोड़ा-सा रोब भर गांठते हैं मुझ पर, तो उसी से मैं उनसे चिढ़ने लगी! मैं क्या अपने से छोटों पर रोब नहीं गांठती?

अब वापस जाऊंगी तो रोहित भैया से कहूंगी, "रोहित भैया, तुम बहुत-बहुत-बहुत अच्छे हो!" रवि भी मम्मी, पापा की याद करके अब घर चलने की जिद कर रहा है। आज शाम को जब चाचाजी ने बतलाया कि कल दोपहर को हम लोग इलाहाबाद चलेंगे तो मुझे और रवि को बहुत खुशी हुई।

"रिंकी बिटिया", चाचाजी बोले, "आज सवेरे तुम्हारे पापा, मम्मी और रोहित नैनीताल से वापस आ गए हैं।"

दूसरे दिन चाचाजी ने ढेर सारे आम, ककड़ी, खरबूजे, खीरे और तरबूज तुड़वाकर इलाहाबाद ले जाने के लिए रख लिए। मैंने सोचा कि जाने के पहले एक बार और गांव की सैर कर ली जाए।

रवि, मोनू और सोनू के साथ मैं घूमने निकल पड़ी। हम कुछ ही

दूर गए थे कि हमने देखा एक बड़ा-सा सांड़ तेजी से दौड़ता हुआ आ रहा है। हम लोग घबराकर पास ही के बरगद के पेड़ के पीछे छिप गए। बरगद के पेड़ के सामने ही चाचाजी के दोस्त वीरू काका का घर है। हम लोग कई बार वीरू काका के घर आ चुके हैं। उनके घर के सामने बड़ा-सा आंगन है और आंगन के दाईं ओर एक प्यारी-सी सफेद गाय बंधी रहती है।

सांड़ दौड़ता हुआ आकर वीरू काका के घर के आंगन में रुक गया। आंगन में एक छोटा-सा बच्चा खेल रहा था। बच्चा लाल रंग की कमीज पहने था। अब मेरी समझ में आया कि सांड़ दौड़ता हुआ इस ओर क्यों आया था। सांड़ बालक के समीप आ गया था। छोटा-सा बालक सांड़ के आने से बेखबर आंगन की मिट्टी खाता हुआ किलकारियां मार रहा था। हम लोग बरगद के पेड़ के पीछे से सांस रोककर देख रहे थे कि अब क्या होता है। सांड़ इतना बड़ा था कि हमारी हिम्मत नहीं हुई कि हम दौड़कर बच्चे को हटा लें।

इसी समय सांड़ ने बच्चे को अपने सींग पर उठाकर धरती पर पटक दिया। बच्चा जोर-जोर से चिल्लाकर रोने लगा। उसके जोरदार रोने की आवाज सुनकर वीरू काका के घर से सभी औरतें, आदमी और बच्चे बाहर निकल आए। शोर सुनकर अड़ोस-पड़ोस के भी कई लोग इकट्ठे हो गए। सांड़ शान से दोबारा बच्चे को सींग से उठाकर पटकने की तैयारी करने लगा, लेकिन वहां इकट्ठे किसी भी व्यक्ति की हिम्मत नहीं हो रही थी कि सांड़ को पकड़ ले। लगता था सांड़ के बड़े-बड़े सींगों से सभी लोग बुरी तरह डर गए थे। बच्चे का रो-रोकर बुरा हाल था।

इतने में मैंने एक विचित्र घटना देखी। ऐसी विचित्र कि यदि कोई दूसरा मुझे सुनाता तो मैं इसे गप मानकर इस पर बिल्कुल विश्वास नहीं करती। हुआ यह कि आंगन में दाईं ओर बंधी गाय ने एकाएक जोर से हुंकारते हुए एक झटके में अपना रस्सा तोड़कर बहुत तेजी

से उछलकर सांड़ पर हमला बोल दिया। सांड़ एकाएक हमले से इस बुरी तरह घबराकर भागा कि उसने पीछे मुड़कर भी नहीं देखा।

वीरू काका के घर से निकली एक महिला ने बच्चे को गोद में उठा लिया और उसे अपने सीने से चिपकाकर बुरी तरह फूट-फूटकर रोने लगी। सभी एकत्रित लोग गाय को चारों ओर से घेरकर उसकी जय-जयकार करने लगे।

मैंने इलाहाबाद वापस आकर जब इस घटना को पापा, मम्मी और रोहित भैया को सुनाया तो सभी को बहुत आश्चर्य हुआ। मुझे तो लग रहा था कि रोहित भैया इस घटना को सुनकर विश्वास ही नहीं करेंगे और कहेंगे, "तुम्हारी गप कुछ जमी नहीं, रिंकी!"

लेकिन रोहित भैया ने तो इस घटना को सुनकर अफसोस करते हुए कहा, "कितना अच्छा होता रिंकी कि मैं नैनीताल न जाकर तुम्हारे साथ गांव जाता और इस घटना को स्वयं देखता!"

पापा ने गंभीर और मधुर आवाज में कहा, "किसी भी अन्याय से लड़ने के लिए शक्ति से अधिक साहस की आवश्यकता होती है।"

एक हंड़िया धान

एक गांव में गोपीनाथ नाम का एक युवक रहता था। वह बहुत ही आलसी तथा निकम्मा था। जब तक उसके पिता थे, मेहनत मजदूरी करके उसे खिलाते रहे। पर उनकी मृत्यु के बाद गोपीनाथ के बुरे दिन शुरू हो गए। आलसी होने के कारण काम-धाम तो वह करता नहीं था और पेट भरने को घर की एक न एक चीज बेचता ही रहता। बरतन-भांड़े भी आखिर कितने दिन साथ देते। जब कुछ भी नहीं बचा तब गोपीनाथ के भूखे रहने की नौबत आ गई।

गोपीनाथ के पड़ोस में रहने वाले एक युवक रामदीन ने उसे समझाया, "गोपीनाथ, ऐसे कब तक चलेगा? तुम मेहनत मजदूरी करो, खाली मत बैठा करो।"

गोपीनाथ बोला, "मेहनत मजदूरी से कुछ नहीं होगा। मैं कमाई करने परदेस जा रहा हूं। देखना दो-तीन साल में ही खूब अमीर बनकर लौटूंगा।"

"जब तुम यहां रहकर ही कुछ नहीं कर सके तो भला परदेस में क्या करोगे?"

परदेस जाते समय गोपीनाथ ने घर के बचे हुए बरतन और धान की भरी एक हंड़िया चोरी हो जाने के डर से रामदीन के यहां रख दी। झोंपड़ी को साहूकार के पास गिरवी रख दिया और पांच सौ रुपए लेकर परदेस चला गया। समय गुजरता रहा। गोपीनाथ को परदेस गए पांच वर्ष होने आए थे।

एक दिन रात को किसी ने रामदीन का दरवाजा खटखटाया। दरवाजे पर एक फटेहाल कमजोर से आदमी को देख रामदीन हैरान रह गया। गौर से देखने पर उसे पता चला कि वह फटेहाल आदमी गोपीनाथ है। वह गोपीनाथ को अंदर लाया, उसको भरपेट भोजन कराया और सोने को चारपाई दे दी। रामदीन समझ गया कि गोपीनाथ परदेस में भी अपना आलस और निकम्मापन नहीं छोड़ पाया और जो कुछ हाथ में था उसे गंवाकर वापस आ गया है।

सुबह गोपीनाथ जब सोकर उठा तो रामदीन ने उसे उसके घर की चाबी दे दी।

गोपीनाथ दुख भरे स्वर में बोला, "घर अब मेरा कहां होगा? साहूकार कब का उसे हड़प चुका होगा। मैं उसकी दी हुई मियाद में कर्जा जो नहीं लौटा सका।"

"घर तुम्हारा ही है, मैंने पैसे देकर घर छुड़वा लिया था।"

रामदीन को धन्यवाद दे गोपीनाथ अपने घर गया। जब वह अंदर घुसा तो हैरान रह गया। रसोई में बरतन सजे थे। कमरे में एक पलंग पर बिस्तर बिछा था और अंदर कोठरी में दस बारह बोरे धान पड़ा था। वह उलटे पांव लौट आया और रामदीन से बोला, "तुमने मेरे घर में किसका सामान रखा है?"

"तुम्हारा ही है," रामदीन ने जवाब दिया।

"मैं तो दो चार टूटे-फूटे बरतन ही छोड़ गया था तुम्हारे पास।"

"एक हंड़िया धान भी तो छोड़ गए थे," रामदीन बोला," वही धान मैंने तुम्हारे खेत में उगाया। मजदूरी और लागत निकालकर

जो बचा उसे फिर तुम्हारे खेत में बो दिया। इस तरह पांच वर्ष में तुम्हारे खेत से इतना धान पैदा हुआ कि मैंने तुम्हारा घर भी साहूकार से छुड़वा लिया और थोड़े से बरतन-कपड़े भी तुम्हारे लिए खरीद लिए क्योंकि मुझे पता था कि तुम जैसा आलसी आदमी परदेस से भी खाली हाथ लौटेगा। इस समय तुम्हारे पास तुम्हारे एक साल के गुजारे लायक धान है।"

गोपीनाथ सोच में पड़ गया। एक हंड़िया धान से रामदीन ने पांच साल में कितना कुछ कर लिया। गिरवी मकान छुड़ाया, बरतन-भांड़े, बिस्तर-पलंग खरीदा और फिर भी दस बोरे धान बचा लिया। एक वह है, घर का एक-एक पैसा गंवाकर भी फटेहाल ही रहा। इस घटना का गोपीनाथ पर बहुत असर पड़ा। अब वह पहले जैसा आलसी और निकम्मा नहीं रहा। मन लगाकर मेहनत से वह अपने खेत में काम करने लगा। अब उसका आलस भाग गया था इसलिए वह पहले जैसा गरीब भी नहीं रहा।

आम का पेड़

आम का वह पेड़ हमेशा अकेला रहने में ही प्रसन्नता का अनुभव करता था। परंतु पक्षी थे कि उसे हमेशा सताते रहते। वे उसे कभी अकेला नहीं रहने देते थे। वसंत के बाद जब उस पर नए पत्ते आते तो पक्षी आकर उसकी शाखाओं पर बैठ जाते। वे इधर-उधर फुदकते और गीत गाते। हवा के झोंके उसके पत्तों के साथ अठखेलियां करते। चिड़ियां सुबह-सुबह चहचहातीं और उसे जगा देतीं। मगर आम के पेड़ को यह सब अच्छा न लगता।

गरमी के दिनों में जब उस पर मंजरियां खिलतीं और छोटी-छोटी अंबियां लगतीं तो कोयल ऊपर बैठकर "कुहू-कुहू" का गीत गाने लगती और सारे पक्षियों को आम खाने का निमंत्रण देती। इसका परिणाम यह होता कि जंगल के बहुत सारे पक्षी, जैसे तोते, चिड़ियां आदि सुबह से ही उस आम की टहनियों पर आ विराजते और दिन भर मजे से कच्ची अंबियां खाते।

बहुत सारे नन्हे बच्चे भी अंबियां खाने के लिए उस पेड़ के नीचे आते। जब वे ऊपर न चढ़ पाते तो पत्थर मार-मारकर अंबियां

तोड़ने का प्रयत्न करते। जब कोई अंबियां नीचे गिर पड़ती तो वे खुशी से किलकारियां मारते और एक दूसरे से छीना-झपटी करते।

परंतु आम के पेड़ को यह सब बहुत बुरा लगता। वह तो हमेशा अकेला रहना चाहता था। उसे अपनी टहनियों पर बैठी कोयल का "कुहू-कुहू" राग अलापना जरा भी न भाता। पक्षी जब उसके फलों पर चोंच मारते तो वह उन्हें गालियां देता। जब वे उसके पत्तों पर बीट कर देते तो वह बहुत चिढ़ता। कहता, "तुमने मेरा शरीर गंदा कर दिया है।"

कीड़े-मकोड़े जब उसके तने पर रेंगते तो भी वह बहुत दुखी होता। बच्चों का पत्थर मार-मारकर फल तोड़ना तो उसे बिल्कुल भी अच्छा न लगता। वह उन्हें बुरा-भला कहता, बच्चे तो अपनी मस्ती में अंबियां तोड़ते रहते।

एक दिन आम का पेड़ निराशा में डूबा हुआ सोच रहा था–'ये सब मिलकर मुझे जरा भी आराम नहीं करने देते। हमेशा मुझे तंग करते रहते हैं। मेरा वश चले तो मैं इन्हें अपने पास भी न फटकने दूं। परन्तु क्या करूं, मैं कुछ कर भी तो नहीं सकता।'

वह यह सब सोच ही रहा था कि तभी वृक्ष देवता उसके सामने प्रकट हुए और बोले, "कहो आम के पेड़, तुम उदास क्यों हो? मैं तुम्हारा क्या हित करूं?"

"हे मेरे स्वामी, मैं बहुत दुखी हूं! पक्षी मुझे शांति से नहीं रहने देते। हमेशा मेरे फल तोड़-तोड़कर खाते रहते हैं। वे मेरे पत्ते अपनी बीटों से भर देते हैं और उनकी सुंदरता खराब कर देते हैं। कीड़े-मकोड़े मुझ पर रेंगते रहते हैं। कोयल शोर मचाकर मेरी नींद में बाधा डालती है। बच्चे मेरे फल तोड़ने के लिए पत्थर मारकर मुझे सताते रहते हैं। मैं चाहता हूं कि मुझ पर फल और पत्ते न लगें ताकि कोई मुझे तंग न कर सके और मैं आराम से सोऊं।"

उसकी व्यथा-कथा सुनकर वृक्ष देवता ने उसे आशीर्वाद दिया

और कहा, "तथास्तु! तुम्हारी इच्छा पूर्ण हो!" यह कहकर वे अंतर्धान हो गए।

कुछ दिन ही बीते थे कि आम के पेड़ के पत्ते धीरे-धीरे सूखकर झड़ने लगे। थोड़े ही दिनों में वसंत आया। जंगल के सभी पेड़-पौधों पर कोमल, हरे पत्ते लहलहाने लगे, परंतु आम के पेड़ पर नए पत्तों ने जन्म नहीं लिया। गरमी आई, लेकिन आम के पेड़ पर मंजरियां नहीं खिलीं। वह ठूंठ-सा खड़ा रहा।

पास खड़े दूसरे पेड़ों पर हरे-हरे पत्तों के बीच छोटे-छोटे फल मोतियों की भांति सज रहे थे। उन पेड़ों पर कोयल आती और दिन भर गीत गा-गाकर दूसरे पक्षियों को आमंत्रित करती। उन पर पक्षियों के झुंड आकर बैठते और जी भरकर फल खाते। वे इस टहनी से उस टहनी पर फुदकते फिरते। पत्तों के बीच छिपकर आंख-मिचौली खेलते। शाम होते ही वे अलविदा कहते और अगली सुबह फिर आने का वचन देते हुए उड़ जाते। कई पक्षी उन पेड़ों पर अपने घोंसले बनाते। पेड़ उन्हें आश्रय देकर धन्य होते। सभी परिंदे उनके मित्र थे।

दोपहर को कई पथिक थके हुए आते। उन वृक्षों की शीतल छाया में बैठकर वे आराम करते। इससे उन पेड़ों को बहुत तृप्ति मिलती।

इधर आम का पेड़ सुबह देर तक सोता रहता। अब उसे कोई भी पक्षी सुबह नींद से न जगाता। न ही उसकी टहनियों पर बैठकर कोयल गीत गाती। अब कोई पक्षी उसके फल खाने न आता, क्योंकि अब वहां कोई फल था ही नहीं। बच्चे अब उसके नीचे शोर भी नहीं करते थे, न ही उसे पत्थर मारते थे। अब तो कोई कीड़ा-मकोड़ा भी उसके तने पर चढ़ना पसंद न करता था।

दूसरे पेड़ों पर चहल-पहल देखकर आम का वह पेड़ ईर्ष्या से जलने लगा। वह उस घड़ी को कोसने लगा जब उसने वृक्ष देवता से वरदान लिया था।

वह सोचने लगा, 'पक्षियों को फल देकर कितना सुख मिलता है। कोयल का गीत कितना मधुर लगता है। बच्चों का शोर करना कितना भला लगता है। अब किसी को मेरी परवाह ही नहीं है।' यह सब सोचते-सोचते आम का पेड़ उदास हो गया।

उसकी उदासी देखकर वृक्ष देवता का हृदय द्रवित हो उठा। वे एक बार फिर प्रकट हुए और बोले, "ओ आम के पेड़, तुम्हारी इच्छा तो पूर्ण हो गई थी, फिर अब भी तुम उदास क्यों हो?"

"मुझे क्षमा कर दो, मेरे देवता! वह मेरा अज्ञान था। अब सब मुझसे घृणा करने लगे हैं। कोयल मेरे पत्तों के बीच बैठकर गीत नहीं गाती। कीड़े-मकोड़े इत्यादि में से कोई भी मेरी परवाह नहीं करता। मैं यह सूनापन सहन नहीं कर सकता। मुझ पर दया करो, प्रभु! मुझे मेरी पहले वाली स्थिति में लौटा दो!"

"ठीक है! मैं तुम्हें पहले वाली स्थिति में लौटाता हूं। फिर ऐसी भूल मत करना।" इतना कहकर वृक्ष देवता अंतर्धान हो गए।

अगले दिन आम के पेड़ पर छोटे-छोटे कोमल पत्ते निकलने शुरू हो गए। थोड़े ही दिनों में उस पर मंजरियां खिल उठीं और फल लग गए। पक्षी अब फिर उसकी टहनियों पर बैठकर चहकने लगे। कोयल अब फिर उसके पत्तों के बीच बैठकर मधुर गीत गाने लगी।

आम का पेड़ अब फिर से प्रसन्न रहने लगा।

चतुर मेंढक

बच्चे मेंढक मामा से तो खूब परिचित हैं। बरसात के मौसम में तो उनका कहना ही क्या? छाता लेकर बाजार की सैर करना, "टर्र-टों-टर्र-टों" का संगीत छेड़ना और उछल-कूद करना तो उनका सबसे प्यारा खेल है। छलांग तो ऐसे लगाते हैं जैसे लंबी कूद के सभी रिकार्ड तोड़ डालेंगे।

ऐसे ही एक मेंढक मामा हमारे घर के ठीक सामने वाले बगीचे में बने तालाब के किनारे रहते हैं। वह देखने में तो सीधे-सादे हैं, पर हैं बड़े दबंग। छोटे-बड़े सभी जीव-जंतु उनसे भय खाते हैं। उनके सिर पर लगी दो बड़ी-बड़ी आंखें राडार की तरह आस-पास की पूरी खबर रखती हैं। जरा भी खतरा होता है तो वे उसका डटकर मुकाबला करते हैं।

एक बार हमारे मोहल्ले के ही कुछ लड़के, जो जीवविज्ञान पढ़ते थे, प्रैक्टिकल के लिए मेंढकों की तलाश में निकले। तभी उन्हें सामने दिख गए मेंढक मामा!

मेंढक मामा ने लंबी छलांगें लगा-लगाकर बच्चों के छक्के छुड़ा

दिए। पर बच्चे कुछ कम हिम्मती न थे। आखिर सोनू हांफते-हांफते मेंढक मामा के पास पहुंच ही गया। पर यह क्या? जैसे ही सोनू ने मेंढक मामा को पकड़ा, उसके हाथ से फिसलकर मेंढक मामा भाग निकले और जाते-जाते सोनू के कपड़े भी खराब कर गए।

मेंढक मामा जब शिकार पर होते हैं तो उनकी फुरती देखते ही बनती है। उनकी जबान हम सबकी तरह न होकर आगे की ओर जुड़ी तथा पीछे की ओर स्वतंत्र होती है। वे हमेशा कीट-पतंगों की तलाश में रहते हैं। एक बार वे सड़क के किनारे-किनारे जा रहे थे कि देखा, जलेबी के एक टुकड़े पर बैठे सौ दो सौ चींटे आनंद से जलेबी का जायका ले रहे हैं। मेंढक मामा झट उनके ऊपर किसी भारी-भरकम मुसीबत की तरह टूट पड़े। कुछ चींटे तो दबकर मर गए और कुछ उनका शिकार बन गए।

तभी सामने से खोजी खरगोश आ निकला। उससे न रहा गया। उसने कहा, “मेंढक मामा, आप यह क्या कर रहे हैं? महात्मा बुद्ध ने तो कहा था कि सब जीवों पर दया करनी चाहिए और आप चींटों को गटक रहे हैं।”

मेंढक मामा बोले, “अमां भांजे! हम अगर सब जीवों पर दया करने लगें तो भूखों मरने की नौबत आ जाएगी। हमें तुम्हारी तरह साग-पात नहीं खाना है।”

खोजी खरगोश के पास कोई उत्तर नहीं था सो खीसें निपोरते हुए अपनी राह पर चला गया।

मेंढक मामा भी आगे बढ़े। तभी नीम के पेड़ से एक कौआ कांव-कांव करता हुआ मेंढक मामा के ठीक सामने आ रुका। कौआ तो मेंढक का सहज वैरी होता है, अतः उसे देखकर मेंढक मामा के रोंगटे खड़े हो गए। परंतु उन्होंने हिम्मत नहीं हारी। उन्होंने पूछा, “कहो कागराज, कैसे हो?”

कौआ बोला, “दो-तीन दिन से भूखा हूं। आज तुम बड़े मौके से

दिखाई पड़ गए। तुम्हें खाकर अब मैं अपनी भूख मिटाऊंगा।"

मेंढक मामा सन्न रह गए। परंतु उन्होंने हार नहीं मानी। उन्होंने गुस्से से लाल-पीले होते हुए कहा, "देखो कागराज, जरा होश में रहो। मेरे मुंह लगोगे तो अभी थानेदार को बुलाकर तुम्हें हवालात में बंद करा दूंगा। वहां तुम उड़ने को भी तरस जाओगे।"

पुलिस और थाने से कौआ भी डरता था, इसलिए कांव-कांव करके उड़ गया। मेंढक मामा ने अपनी हिम्मत से कागराज को भी चकमा दे ही दिया। इसी प्रकार सभी जीव-जंतु उनसे घबराते थे। पता नहीं कब कहां आ टपकें। बहुत से जीव तो उन्हें दुष्ट मेंढक या चतुर मेंढक कहकर उनसे सावधान रहते थे।

मेंढक मामा से परेशान जीवों ने उनसे बचने के लिए एक सभा की। इस सभा में श्रीमती ततैया देवी भी आई थीं। सभी जीवों ने उन्हें ही अध्यक्ष बनाकर सभा की कार्यवाही आरंभ की।

चींटों का सरदार बोला, "इस दुष्ट मेंढक मामा ने हमारा तो घूमना-फिरना और मिठाई की तलाश में निकलना ही मुश्किल कर रखा है। हमें इनसे बचने का उपाय करना चाहिए।"

एक बूढ़े झींगुर दादा बोले, "हम अपना दुख कैसे बताएं? इन मेंढक मामा के डर से हमारी संगीत और झंकार की साधना अधूरी पड़ी है। मेंढक मामा तो हमारे वंश का सफाया करने में लगे हैं।"

इसी प्रकार तमाम नन्हे-मुन्ने प्राणियों ने मेंढक मामा के आतंक की कथा दोहराई और श्रीमती ततैया देवी से अनुरोध किया कि वही कोई उपाय निकालकर मेंढक मामा को सबक सिखाएं।

ततैया देवी ने गंभीर होकर कहा, "आप सब नन्हे-मुन्ने प्राणियों की स्थिति दयनीय और विचारणीय है। यों अगर मैं सांप दादा से कह दूं तो वह इन मेंढक मामा का काम तमाम कर सकते हैं। पर मैं ही कुछ ऐसा उपाय करूंगी कि आपकी समस्या हल हो जाए।"

सभी प्राणियों ने ततैया देवी को धन्यवाद देकर बड़ी आशा के

साथ सभा विसर्जित की। ततैया देवी मेंढक मामा को सबक सिखाने की तैयारी करने लगीं। उन्होंने अपनी दो-तीन निडर सहेलियां तैयार कीं। एक दिन शाम को जब मेंढक मामा खुशी-खुशी तालाब के किनारे सैर और शिकार पर थे तभी ततैया देवी अपनी सहेलियों सहित एक पौधे की पत्तियों पर बैठ गईं। वे मेंढक मामा की तेज आंखों से बच न सकीं। उन्हें देखकर मेंढक मामा के मुंह में पानी आ गया। उन्होंने अपनी जबान चाबुक की तरह ततैयों की ओर फेंकी तो एक के बाद एक तीन ततैयां जबान में चिपक गईं और मुंह के अंदर जाते-जाते तीन-चार जगह काट लिया। उधर अन्य ततैयों ने मेंढक मामा के शरीर में अपने डंक चुभो दिए। मेंढक मामा के शरीर में जलन होने लगी। बेचारे सारी हेकड़ी भूलकर, दर्द से "टर्र टों-टर्र टों" कराहने लगे। तमाम नन्हे-मुन्ने प्राणी उनका तमाशा देख रहे थे। दर्द के मारे मेंढक मामा बेहोश हो गए।

ठीक इसी मौके पर खोजी खरगोश आ गया। मेंढक मामा को देखकर वह सारा हाल समझ गया। उसे मेंढक मामा पर दया आ गई। वह दौड़कर अपने हकीम दादा को बुला लाया। उन्होंने आते ही मेंढक मामा के शरीर पर किसी बूटी का लेप किया और दो बूंदें उनके मुंह में डालीं, तब जाकर मेंढक मामा को होश आया। हकीम दादा उनकी दुष्टता की कथा खोजी खरगोश से सुन चुके थे, अतः उन्होंने मेंढक मामा से कहा, "देखो, इस बार तो मैंने तुम्हें बचा लिया। पर अब कोई ऐसी हरकत मत करना जिससे दूसरे नन्हे-मुन्ने प्राणियों को कष्ट हो।" चींटे, झींगुर, ततैया तथा अन्य कीट-पतंगे वहां पहले से ही छिपे हुए थे। वे सब सामने आ गए।

खोजी खरगोश ने कहा, "मेंढक मामा, चलो उन सब नन्हे-मुन्ने प्राणियों से अपनी गलती के लिए क्षमा मांगो और भविष्य में सब जीवों पर दया करने का वचन दो!"

मेंढक मामा ने ऐसा ही किया। सब जीवों ने उन्हें क्षमा कर

दिया। पर मेंढक मामा भी जान गए कि ततैयों के काटने से कितना दर्द होता है। उन्होंने तमाम जीवों की एकता की शक्ति भी पहचान ली। आज भी जब बरसात आती है तो वे "टर्र-टों-टर्र-टों" करके अपने अनुभव सबको सुनाते हैं। बच्चे यदि ध्यान से सुनें तो वे समझ सकते है कि मेंढक मामा कहते रहते हैं, "बुरा कर बुरा होगा, भला कर भला होगा!"

डाकिया

मोहन आज बहुत खुश था। आज उसका अठारहवां जन्मदिन था। यद्यपि उसका जन्मदिन मनाने के लिए न उसकी मां जीवित थीं, न पिता, फिर भी यह साल उसके लिए खुशियां लाने वाला था। अब वह अपने पिता की जगह सरकारी नौकरी पा सकता था। उसके पिता डाक-तार विभाग में काम करते थे।

एक बार कहीं जाते समय एक बस नदी में गिर गई। बहाव तेज होने के कारण एक भी व्यक्ति न बचा। उसी बस में मोहन के माता-पिता भी थे। केवल दस वर्ष की आयु में ही वह अकेला हो गया था। उस समय वह छोटा था। इसलिए उसे सरकारी नौकरी नहीं मिल सकती थी। इस नौकरी को पाने के लिए उसे आठ वर्ष इंतजार करना था।

पेट भरने के लिए मोहन को छोटे-मोटे काम करने पड़ते। वह कभी किसी चाय के ढाबे पर काम करता तो कभी दूध बांटने का काम करता। किसी दिन भरपेट खाना खा लेता तो किसी दिन भुने चने और पानी से ही गुजारा करना पड़ता। इतना होने पर भी

उसने एक काम बहुत लगन से किया, वह था पढ़ाई। मोहन दिन में काम करता और रात को रात्रि पाठशाला में पढ़ने चला जाता। देर रात में घर आकर सो जाता। धीरे-धीरे उसने दसवीं कक्षा पास कर ली थी। अब उसे अपने अठारह वर्ष के होने का बड़ी बेसब्री से इंतजार था।

अकसर अब वह कभी काम से खाली होता तो उसे अपने माता-पिता बहुत याद आते। उसे लगता मां उसे मोहना...मोहना... करके बुला रही है। मां के हाथ की गरम रोटी और दाल की खुशबू वह अभी भी नहीं भूला था। पिताजी उसे सुबह कितने प्यार से उठाते, और गोद में ले सैर को निकल जाते। लौटते समय वह रोज गरमा-गरम जलेबी का दोना लाते थे। ये सभी यादें ऐसी थीं जिन्हें वह कभी भी भूल नहीं सकता था। रात में वह यही सब सोचते-सोचते कब सो जाता, उसे पता ही नहीं चलता।

उस दिन सुबह उठते ही मोहन नहा-धोकर तैयार हो गया। उसने साफ-सुथरे कपड़े पहने, भगवान को हाथ जोड़ प्रणाम करके वह पोस्टऑफिस जा पहुंचा। पोस्टऑफिस में काफी भीड़ थी। सभी अपने-अपने कामों में लगे थे। वह बेसब्री से पोस्टमास्टर साहब के खाली होने का इंतजार कर रहा था। ज्यों ही पोस्टमास्टर साहब अकेले हुए, वह उनके सामने जाकर खड़ा हो गया।

"नमस्ते, पोस्टमास्टर साहब," उसने हाथ जोड़ते हुए कहा।

"नमस्ते! अरे, मोहन! आओ बेटा, बैठो" अपने हाथ का पेन नीचे रखते हुए पोस्टमास्टर ने कहा, "कहो, कैसे आए?"

"सर, आज मैं अठारह वर्ष का हो गया हूं और अपने पिताजी की जगह नौकरी करने के लिए आया हूं।"

"हां, हां, हैडऑफिस से लेटर आ चुका है।" पोस्टमास्टर ने अपनी मेज की दराज से एक फाइल निकाली। फिर दो-तीन जगह उसके हस्ताक्षर लिए और कहा, "जाओ, कल से सुबह आठ बजे

काम पर आना। हम तुम्हें डाकिए का काम देंगे।"

मोहन की खुशी का ठिकाना न था। खुशी से उसकी आंखें भर आईं। उसने पोस्टमास्टर के पांव छू लिए। नौकरी का पत्र लेकर वह घर की ओर चल दिया। उसके पांवों में मानों पर निकल आए थे। रास्ते में उसने एक पेड़ की डाल पर बैठे बिल्ली के बच्चे को नीचे उतारा। स्कूल जाते बच्चों के बालों में उंगलियां घुमाईं। आज उसे सड़क के किनारे उगे जंगली फूल भी बहुत अच्छे लग रहे थे।

अगले दिन सुबह-सुबह जब वह डाकघर पहुंचा तब चारों तरफ घना कोहरा था। पोस्टऑफिस में अभी दो कर्मचारी ही आए थे। पोस्टमास्टर साहब के आने पर उसे डाकिए की वरदी, एक बरसाती कोट और साइकिल दी गई और साथ ही चिट्ठियों का एक छोटा-सा पुलिंदा भी। अभी एक सप्ताह तक उसे पहले वाले डाकिए के साथ-साथ जाना था ताकि काम सीख सके।

यह पहाड़ी इलाका था। वह यहां की एक-एक सड़क और पगडंडी को खूब अच्छी तरह पहचानता था। पर ये सभी सड़कें उसे नई-नई दिखाई दे रही थीं। सुबह से शाम तक वह अपनी नई साइकिल की घंटी टुनटुनाता मस्त चलता रहा। घर लौटने तक वह थककर चूर हो गया था। पर उसे काम पूरा करने का संतोष था।

धीरे-धीरे मोहन अपने काम में होशियार हो गया। उसकी उम्र तो थी केवल अठारह वर्ष, पर उसके काम ने उसे जल्दी ही अनुभवी बना दिया। वह लोगों के चेहरों को देखते ही जान जाता था कि किसे चिट्ठी का इंतजार है और किसे मनीऑर्डर का।

उसकी साइकिल की घंटी की आवाज सुनते ही बच्चे दौड़-दौड़कर आ जाते। बड़े-बूढ़े भी दरवाजे-खिड़कियां खोलकर उसे उत्सुकता से देखने लगते।

गांव वालों को समय से चिट्ठियां पहुंचा देना उसका नियम था। जब तक अपने झोले की आखिरी चिट्ठी भी बांट न लेता तब तक

वह जरा भी आराम नहीं करता, जबकि उसके साथी दूर जगहों की चिट्ठियां अपने पास जमा करते रहते और सप्ताह में एक बार जाकर बांट आते।

मोहन को भी वे वैसा ही करने के लिए उकसाते, पर उसका दिल न मानता। वह सोचता, समय पर पत्र न पहुंचा तो किसी को नुकसान भी हो सकता है, इसलिए वह रोज की डाक रोज ही पहुंचा देता। डाक बांटने के अलावा मोहन उन लोगों के छोटे-मोटे काम भी कर देता। किसी की चिट्ठियों का जवाब लिखता। किसी के लिए शहर से रंग-बिरंगे रिबन ला देता, किसी के लिए किताबें, तो किसी के लिए दवाइयां। उसे गांव के लोग बहुत प्यार करते। बूढ़े तो उसे आशीर्वादों से लाद देते।

एक दिन रोज की तरह मोहन ने डाक का थैला उठाया और साइकिल टुनटुनाता चल दिया। दोपहर तक उसने सारी डाक बांट दी। अब उसके पास केवल एक पत्र बचा था। यह पत्र सामने की पहाड़ी पर रहने वाली बूढ़ी स्त्री का था।

मोहन जानता था कि उस बूढ़ी का एक ही बेटा है और वह सेना में जवान है। बूढ़ी के पास उसी बेटे के पत्र आते हैं। पत्र भी पंद्रह दिन में एक बार और माह में एक बार मनीऑर्डर। मोहन जब भी बूढ़ी स्त्री को पत्र पहुंचाने जा रहा होता, उसे प्रतीक्षा में ही पाता। बहुत नीचे से ही वह मोहन को पहचान लेती और समावार में कॉफी का पानी रख देती।

मोहन जब साइकिल खड़ी करता, बूढ़ी अम्मा तुरंत दरवाजा खोल देती।

"राम-राम, अम्मा," मोहन पुकार कर कहता।

"जीते रहो, बेटा! आओ, आओ, कॉफी तैयार है।"

मोहन को अम्मा के पास बैठ कर कॉफी पीनी पड़ती और चिट्ठी भी पढ़कर सुनानी पड़ती।

अम्मा चिट्ठी को बार-बार चूमतीं और कार्निस पर रखे सुंदर से डिब्बे में रख देतीं। इसीलिए मोहन अम्मा के पत्र पहुंचाने में जरा भी देरी न करता। उस दिन भी उसने अम्मा की चिट्ठी जेब में रख ली और साइकिल लेकर चल दिया। आसमान में सुबह से बादल थे। किसी भी समय वर्षा हो सकती थी। इसलिए वह तेज-तेज पैडल मारता चल दिया, ताकि वर्षा से पहले घर लौट आए।

लगभग आधा रास्ता पार हो गया था। अम्मा के घर की खिड़की दिखाई देने लगी थी। उस पर लगा बल्ब जल रहा था। मोहन समझ गया, अम्मा जरूर चिट्ठी के इंतजार में वहां बैठी होंगी।

तभी तेज हवा चलने लगी। लग रहा था बारिश अब शुरू होने ही वाली है। मोहन ने बरसाती कोट पहन लिया और जल्दी-जल्दी पैडल चलाने लगा। देखते ही देखते हवा तेज, फिर और तेज हो गई, जैसे तूफान हो। मोहन ने पहाड़ का सहारा लिया। वहां बचने की कोई जगह तो थी नहीं, इसलिए धीमे-धीमे ही सही, पर आगे बढ़ना ही ठीक था।

वह साइकिल से उतर पड़ा और पैदल चलने लगा। अभी कुछ दूर ही गया था कि एक बहुत बड़ा-सा पत्थर लुढ़कता हुआ नीचे आया। उस पत्थर के साथ-साथ मोहन और उसकी साइकिल हजारों मीटर गहरी खाई में लुढ़कने लगे। तूफान की आवाज में उसकी चीख दबकर रह गई।

जब मोहन की आंख खुली तो चारों तरफ गहरा अंधेरा था। बारिश और तूफान थम चुका था। उसने अपने आपको टटोला, उसका कोट एक बड़ी झाड़ी में अटक गया था। उसी झाड़ी के सहारे वह भी टिका हुआ था और नीचे नहीं गिर पाया था। पर अब उठना और उस ढलान से ऊपर आना उसके लिए मुश्किल काम था। उसके सिर की चोट से खून बहकर उसके गले तक आ गया था। एक पांव को वह हिला भी नहीं पा रहा था।

मोहन ने जेब टटोली, चिट्ठी वहीं थी। उसकी हिम्मत बढ़ गई। उसने कठिनाई से अपने पांव को खींचा और पत्थर का सहारा लेकर बैठ गया। फिर धीरे-धीरे पांव को खींचते हुए, हाथों के सहारे सड़क के किनारे तक आ गया। चारों तरफ सन्नाटा था। इतने तूफान में बाहर कौन आता? मोहन उसी तरह बैठे-बैठे अपने को घसीटता रहा।

सुबह का उजाला फूट रहा था। उसकी खुशी की सीमा न रही जब उसने देखा अम्मा की खिड़की की बत्ती अभी भी जल रही है।

वह खड़ा होना चाहता था, पर अब दर्द और थकान बढ़ गई थी। उसने एक छोटा कंकड़ उठाया और खिड़की की तरफ फेंका। टन्न की आवाज हुई। उसने दूसरा कंकड़ फिर से खिड़की की तरफ उछाला। इस बार टन्न...की आवाज के साथ खिड़की खुल गई। अम्मा ने नजर घुमाकर चारों तरफ देखा।

मोहन ने बड़ी मुश्किल से पुकारा, "अम्मा...!"

बूढ़ी अम्मा उसकी आवाज पहचान गईं। सड़क पर इस हालत में पड़े मोहन को देखकर "मोहना...मोहना..."चीखती हुई बाहर आईं।

मोहन को लगा उसे उसकी मां पुकार रही है। बूढ़ी अम्मा ने हड़बड़ाकर पास के घरों के दरवाजे पीट डाले। देखते ही देखते लोग जमा हो गए। उन्होंने मोहन को उठाकर घर के अंदर लिटा दिया। मोहन ने जेब से चिट्ठी निकालकर अम्मा को पकड़ा दी। पर आज वह उसे पढ़कर सुना न सका।

तभी एक जीप दरवाजे पर आकर रुकी। उसमें से एक नौजवान तेजी से उतरा और घबरा कर घर में गया। वह उस बूढ़ी अम्मा का बेटा था जो छुट्टियों में घर आया था। सारी बात समझते ही वह मोहन को तेजी से शहर के सैनिक अस्पताल की ओर चल दिया। कुछ ही दिनों में मोहन ठीक-ठाक हो गया। वह बहुत खुश था, क्योंकि उसे 'मां' के साथ-साथ एक बड़ा भाई भी मिल गया था।

सी बी टी के चुनिंदा कहानी-संकलन

नई कहानियां

बीस और कहानियां

कुछ और कहानियां

बच्चों की कहानियां

24 कहानियां

कीर्ति शिखर